일상이 돈이 되는
숏폼

일상이 돈이 되는 숏폼

초판 1쇄 발행 2025년 5월 19일
초판 3쇄 발행 2025년 12월 5일

지은이 리지팍(박자령)
발행인 강재영
발행처 애플씨드

기획·편집 이승욱
디자인 육일구디자인
마케팅 이인철
CTP출력/인쇄/제본 (주)성신미디어

출판사 등록일 2021년 8월 31일 제2022-000065호

이메일 appleseedbook@naver.com
블로그 https://blog.naver.com/appleseed__
페이스북 https://www.facebook.com/AppleSeedBook
인스타그램 https://www.instagram.com/appleseed_book/

ISBN 979-11-990729-2-3 13320

이 책에 실린 내용, 디자인, 이미지, 편집 구성의 저작권은 애플씨드와 지은이에게 있습니다.
따라서 저작권자의 허락 없이 임의로 복제하거나 다른 매체에 실을 수 없습니다.

애플씨드에서는 '성장과 성공의 소중한 씨앗'이 될 수 있는 원고를 기다립니다.
appleseedbook@naver.com

SHORT

일상이 돈이 되는
숏폼

리지팍(박자령) 지음

릴스, 쇼츠, 틱톡, 클립

퍼스널 브랜딩을 위한
콘텐츠 기획과 SNS 수익화의 모든 것

FORM

애플시드
APPLE SEED

차례

들어가면서 · 009

1장 탄탄한 계정 만들기

01 나를 탐색하기
1. 이렇게 살면 안 될 것 같았다 · 017
2. 14년 의류 사업의 끝 · 019
3. 책으로 새로운 꿈을 찾았다 · 021
4. 기회는 경험과 사람한테서 온다 · 024
5. SNS를 시작하기 전, 나를 탐색하는 과정이 필요하다 · 027

02 내 꿈을 찾는 4가지 방법
1. 내 이키가이 찾기 · 031
2. 내 단점 찾기 · 037
3. 동사로 꿈 찾아보기 · 039
4. 내 강점 검사하기 · 041

03 목표와 주제 잡기
1. 목표 잡기 · 043
2. 주제 잡기 · 048

04 계정을 탄탄하게 만드는 3요소
1. 전문성 – 사람들이 나를 팔로잉하게 하는 힘 · 050
2. 꾸준함 – 평범함을 특별함으로 바꾸는 힘 · 055
3. 소통 – 팔로워를 늘리고 관계를 강화하는 힘 · 057

05 계정의 차별화 포인트 – 남과 다른 나다움으로 경쟁하기
1. 뾰족한 타깃 잡기 · 061
2. 강점과 믹스하기 · 063
3. 경험 공유하기 · 065
4. 시각적으로 차별화하기 · 067

2장 끌리는 숏폼 기획 5단계

01 숏폼 기획 1단계 – 컨셉 잡기
1. 텍스트 형식 · 082
2. 내레이션 형식 · 084
3. 뉴스 앵커 형식 · 086
4. 엔터테이너 형식 · 089

02 숏폼 기획 2단계 – 아이디어
1. 아이디어 발굴하기 · 095
2. 핵심은 정보성 콘텐츠 · 096
3. 마음을 울리는 공감성 콘텐츠 · 103
4. 드라마틱한 변화 콘텐츠 · 112
5. 어떻게든 주세요, 재미 콘텐츠 · 113
6. 뜨거운 감자, 최신 화제성 콘텐츠 · 116
7. 판매도 해야죠, 제품 콘텐츠 · 122
8. 사람을 불러들이는 이벤트 콘텐츠 · 125
9. 내 이야기 콘텐츠 · 129

03 숏폼 기획 3단계 – 대본 쓰기
1. 짧게 쓰기 · 135
2. 쉽게 쓰기 · 137
3. 결론 앞세우기 · 139
4. 반복하지 않기 · 140
5. 접속사 줄이기 · 142
6. 초반 2초 사로잡기 · 144
7. 궁금하게 만들기 · 146
8. 말하듯이 쓰기 · 148
9. 시그니처 멘트 넣기 · 149

04 숏폼 기획 4단계 – 영상 촬영하기
1. 대본과 영상 일치시키기 · 154
2. 생동감 있게 표현하기 · 156

3. 중앙 정렬하기 · 158
   4. 삼각대, 거치대 등 장비 활용하기 · 159
   5. 공간과 소품 활용하기 · 160
   6. 조명 활용하기 · 161

05 숏폼 기획 5단계 – 편집하기
   1. 유용한 영상편집 툴 · 171
   2. 영상편집 할 때 알아두면 좋은 꿀팁 · 174

06 조회 수 높은 숏폼의 7가지 비밀
   1. 유익하게 · 181
   2. 짧게 · 182
   3. 빠르게 · 183
   4. 재미있게 · 183
   5. 힙하게 · 184
   6. 압도적이게 · 184
   7. 감동 있게 · 185

3장 팔로워를 늘리고 찐팬을 사로잡는 숏폼 특급 전략

01 초반 2초 후킹 전략
   1. 제목 · 192
   2. 첫 화면 · 200
   3. 첫 줄 · 201

02 숏폼의 퀄리티 높이기
   1. 기술적인 요소 – 화질, 음질, 효과음과 스티커 · 204
   2. 지식의 저주 극복하기 · 208
   3. AI 도움받기 · 209
   4. 좋은 콘텐츠를 만드는 4가지 습관 · 210

03 팔로워 수를 높이는 특급 전략
1. 일관성 전략 · 216
2. 자동화 전략 · 219
3. 스토리 전략 · 220

04 찐팬을 만드는 스토리텔링 기획법
1. 변화 보여주기 · 223
2. 약점 극복하기 · 224
3. 소신 발언하기 · 225

4장 수익화 전략

01 수익화 방법
1. 지식 판매 · 233
2. 제품 판매 · 235
3. 광고, 제품 협찬, 원고료 · 237
4. 커뮤니티 구독, 오프라인 모임 · 239
5. 조회 수 수익 · 242

02 수익화 세팅 5단계
1. 1단계 – 콘텐츠 주제와 수익화 상품 일치시키기 · 245
2. 2단계 – 고객 설정 · 246
3. 3단계 – 상품 기획과 제작 · 247
4. 4단계 – 콘텐츠 빌드업 · 248
5. 5단계 – 마케팅 · 250

03 수익을 만드는 + @
1. 성공하는 광고, 모객 콘텐츠 만들기 · 252
2. 기다리지 말고 적극적으로 제안하기 · 254
3. SNS 운영도 사업처럼 하기 · 256

5장 마인드셋 - SNS로 일상이 돈이 되고 싶다면

01 멘탈
1. 비교하지 않기 · 262
2. 숫자의 함정에 빠지지 않기 · 264
3. 콘텐츠는 내 거울이다 · 266

02 꿈
1. 시간을 투자하기 · 270
2. 실행과 실습을 반복하기 · 272
3. 꾸준함 · 273

03 돈
1. 돈을 말하기 전에 진정성을 보여주기 · 276
2. 쉽고 빠른 돈은 없음을 인정하기 · 278
3. 실행을 통해 수익화 키우기 · 280
4. 외부 수익화도 모색하기 · 281

04 성공
1. 씨를 뿌리고 기다리기 · 283
2. 현재 상황에서 최선을 다하기 · 285
3. 진짜 원하는 삶 찾기 · 287

글을 마치며 · 289

들어가면서

'꿈을 포기하지 마. 꿈이 이뤄지는 방식은 다양하니까.'

어린 시절 선생님이 꿈이었다. 하지만 나는 그 꿈을 고등학교 때 접을 수밖에 없었다. 성적이 그리 월등하지 않았던 나에게 담임 선생님이 하셨던 말씀이 아직도 기억난다. "선생님이 꿈이라고? 힘들 것 같은데…." 그날이었다. 내 꿈이 끝난 건.

그 후 꿈을 잊고 살았다. '나에게도 그런 꿈이 있었지!' 선생님이 되려고 했던 꿈은 이렇게 아름다운(?) 추억으로만 남아 있었다. 그랬던 나에게 서른여덟이라는 나이에 강연가가 되고 싶다는 꿈이 생겼고, 그 꿈을 이루기 위한 수단으로 SNS를 시작했다. 꿈이 생긴 지 1년 반

만에 나는 본격적으로 강의 활동을 시작했고, 마흔 살에 생각지도 못했던 강의를 대학교에서 하게 됐다. 그래서 이런 생각이 들었다. 꿈이 이뤄지는 방식은 다양하구나. 이렇게 나는 SNS를 통해 추억으로만 간직하던 꿈을 이루었다.

SNS는 단순히 돈을 버는 것을 넘어 더 큰 꿈을 이룰 수 있는 곳이다. 다양한 기회가 곳곳에 숨어 있어서 내가 좋아하고 잘하는 것을 열심히 좇으면 새로운 기회가 생기고 돈이 따라오는 곳이다. SNS를 시작하고 나서 인생이 생각지도 못한 방향으로 흘러가게 될 수도 있다. 내가 그랬듯이.

단순히 SNS를 개설하고 시작하는 것이 아니라, 내가 진짜 원하는 게 뭔지를 알고 시작했을 때, SNS 활동에 의미가 생긴다. 남들 하듯이 좋은 곳, 비싼 것, 행복해 보이는 모습만 올리는 활동은 돈이 되지 않는다. 내 꿈과 관련해 누군가에게 도움을 주고, 공감대를 형성하며 마음을 움직이는 콘텐츠를 만들어야 한다. 결국 우리는 SNS에서 콘텐츠를 통해 사람의 마음을 사야 한다. 그래서 이 책이 필요하다.

한 개인을 알리기 위한 콘텐츠는 그만의 법칙이 있다. 특히 요즘 대세로 자리를 잡은 숏폼은 1분도 사치다. 단 10초, 30초 만에 누군가의 마음을 움직여야 한다. 나는 2년여간 500개가 넘는 숏폼을 만들어 다양하게 포스팅하면서 플랫폼마다 반응이 오는 콘텐츠는 어떤 것인지, 저장과 공유를 하는 심리는 무엇인지, 어떤 콘텐츠가 댓글 반응을 끌어내는지를 경험했다. 그 과정에서 숏폼에 관해 내 나름의 데이터를 쌓을 수 있었다. 내가 이 책에서 이야기하는 모든 것은 이렇게 내가 겪고 느낀 것이다. 그저 이론에 근거한 것이 아닌 경험을 통해 사람의 마음이 움직이는 것을 보고 분석한 결과를 이 책에 알기 쉽게 정리했다.

콘텐츠는 누군가에게는 희망이다. 손님이 없던 가게가 어느 날 숏폼이 화제가 되어 대박이 나고, 시골 오지에 있는 카페에도 손님이 찾아온다. 평범한 가정주부에게도 수입이 생기고, 직장인에게는 부수입을 만들어 준다. 여러 방면에서 수익 구조가 생기고 자신의 분야에서 전문가로 인정을 받기도 한다. 믿기 어렵겠지만, 이 모든 것이 콘텐츠로 이루어지는 일이다. 그래서 나는 콘텐츠를 만드는 일을 희망을 만드는 일이라고 말하고 싶다.

나는 빠르게 계정을 성장시키지는 못했다. 처음부터 혼자 공부하고, 시도하고, 깨지고, 정체기도 겪었고 그 과정에서 매일매일 희로애락을 느끼며 성장했다. 그래서 오래 걸렸다. 하지만 누군가는 내가 고생했던 경험을 바탕으로 좀 더 빨리 계정을 성장시키고 꿈을 이뤘으면 좋겠다는 마음이 들어 이 책을 썼다.

이 책은 콘텐츠의 변하지 않는 '본질'을 다룬다. 지금, 이 순간에도 수많은 AI와 챗GPT를 활용한 콘텐츠가 쏟아지고 있다. 이렇게 AI를 활용한 콘텐츠 제작이 대세가 되었지만, 정작 중요한 것은 따로 있다. 어떤 콘텐츠가 사람들의 마음을 움직이는지 그 본질을 제대로 이해하지 못하면, AI로 아무리 세련된 콘텐츠를 만들어도 내 계정의 성장과 브랜딩에 큰 도움이 되지 않는다. AI를 활용해 차별화된, 질 높은 나만의 콘텐츠를 만들려면 무엇보다 사람의 마음을 사로잡는 콘텐츠의 본질을 정확히 알아야 한다. 아무리 새로운 SNS가 등장하고 AI가 범람해도, 사람의 마음을 움직이는 콘텐츠의 본질은 변하지 않기 때문이다. AI가 다 해주는 퍼스널 브랜딩은 없다. 결국은 본질을 아는 것이 무엇보다 우선되어야 한다. 이런 이유로 나는 이 책에서 그 동안 SNS 활동을 하면서 내가 직접 경험하고 깨달은 지식을 바탕으로 콘텐츠의 본질에 관해서 다루었다.

1장은 '탄탄한 SNS 계정'을 만들기 위해 반드시 알아야 할 기본적이면서도 매우 중요한 이야기다. 너무 평범하고 뻔한 것으로 생각할지 모르지만, 앞으로 펼쳐나갈 SNS에서의 긴 여정에서 흔들림 없이 목표를 향해 나아가도록 하는 토대이자 나침반이기에 이를 절대 소홀히 여겨서는 안 된다. 이는 SNS를 어떻게 시작하면 좋을지를 안내하는 튼튼한 발판이 되어 줄 내용이다.

2장은 '숏폼을 기획하는 5단계'에 관해 상세히 풀어놓았다. 숏폼을 만들기는 해야겠는데 뭐부터 해야 할지 궁금하다면 2장을 잘 읽어보자. 어떤 단계로 기획해야 하는지, 어떤 내용을 담아야 하는지, 대본과 촬영은 어떻게 해야 하는지, 편집 과정에서 주의할 점까지 상세히 적어두었기 때문에 실전으로 활용하기 좋을 것이다.

3장은 '팔로워를 늘리고 찐팬을 만들기 위한 숏폼 특급 전략'에 관한 내용이다. 우연이나 운에 의존하기보다는 사람들의 마음을 꿰뚫고 시선을 사로잡을 수 있도록 전략적으로 접근해야 한다. 그래서 3장에서는 콘텐츠를 소비하는 사람들의 특징을 이해하고 어떤 전략을 세워야 할지를 하나하나 분석해서 정리했다.

4장은 'SNS 수익화'에 관한 내용이다. 다양한 수익화 수단과 수익화를 만드는 자세, 수익화를 할 때 주의할 점에 관해서도 자세히 적어 두었다. 정말로 SNS에서 돈을 벌고 싶다면 4장을 꼼꼼히 읽어보길 바란다.

5장은 SNS를 통해 일상이 돈이 되고 싶다면 반드시 새겨야 할 '마인드셋'에 관해 정리했다. 우리가 건강한 마인드로 SNS에서 활동할 때 그만큼 멘탈도 강해지고 탄탄하게 성장할 수 있기 때문이다. 이 또한 내가 직접 겪고 들은 이야기를 바탕으로 정리한 것이라 꼭 읽어보길 바란다.

나는 이제껏 '할 수 있을 것 같은데?'라는 생각 하나로 SNS에 도전했고, 이루었고, 이루고 있다. 이 책을 읽는 누구나 그랬으면 좋겠다. 어렵게 생각하지 말고 이렇게 생각해 보자. '어? 해보면 할 수 있을 것 같은데?'

내가 해냈으니 당신도 할 수 있다.

2025년 4월 리지팍

1장

탄탄한
계정 만들기

01

나를 탐색하기

1. 이렇게 살면 안 될 것 같았다

'이렇게 살면 안 될 것 같은데?'

어느 날 문득 이런 생각이 들었다. 물론 어느 날 갑자기 들었던 생각은 아니었다. 스물여섯부터 사업을 시작해서 10년간 사업을 해오며 늘 불안했다. 늘 미래가 없었다. 그랬던 것이 어느 날 갑자기 터졌을 뿐.

어릴 때부터 옷이 좋았다. 꾸미는 게 좋았다. 옷이 좋아 옷으로 할 수 있는 일을 하고 싶어 고등학교 때 코디학원에 다녔고, 대학교 졸업 전에 연예인 스타일리스트로도 잠시 일을 했다. 그때 월급은 10만

원…. 아무리 20년 전이지만 너무도 열악한 상황에 오래 일하기가 어려웠다. 이 일을 그만둔 후 나는 의류 쇼핑몰에 MD로 취업을 했다. 당시는 의류 쇼핑몰이 한창 대세로 떠오르던 때였다. 누군가 내가 초이스한 옷을 사고, 내가 코디한 대로 옷을 사는 게 너무나도 짜릿한 경험이었다. 스물두 살, 옷을 좋아했던 20대 초반의 나는 옷을 파는 사람이 되었다.

이렇게 의류 쇼핑몰의 모든 업무를 경험했다. MD, 동대문 사입, 고객상담, 웹디자인, 피팅 모델까지…. 나는 이 일을 천직으로 생각했다. 몇 군데 회사에 다니고, 피팅 모델로 비교적 큰돈을 벌어보기도 하고, 친한 언니와 의류 쇼핑몰 동업까지 화려한 20대를 보냈다. 그러다가 동업했던 쇼핑몰이 망하면서 더는 선택지가 없었다. 곧 20대 후반이었던 나는 갈 곳이 없다는 생각이 들어서 내 사업을 시작했다. 오롯이 내가 운영하는 의류 쇼핑몰을 하게 된 것이다.

나는 어떻게든 내가 좋아하는 일을 하고 싶었다. 옷이 좋았고, 옷이 있는 곳에서 일하고 싶었고, 그러다 보니 자연스럽게 옷을 팔고 있었다. 하지만 나는 내가 좋아하는 일을 하고 있다고 생각했는데, 어느 날 문득 뒤를 돌아보니 나는 옷을 만들고 있던 게 아니었다. 옷을 팔고 있었다. 배신감이 들었다. 하지만 멈출 수는 없었다. 이미 이 일을 10년이나 해온 처지였다. 사실 나는 판매와는 거리가 먼 사람이었기에 내가 그동안 해왔던 것이 판매에 더 가깝다는 것을 깨달았을 때부터 빨리 이 일에서 벗어나고 싶다는 생각뿐이었다.

생각을 실행으로 바꾸는 건 쉽지 않았다. 새로운 일을 할 용기는 없었고, 나는 늘 늦었다고 생각했다. 스물일곱에는 20대 후반이라 늦었다고 생각했고, 30대 초반에는 30대라 늦었다고 생각했다. 30대 중반은 30대 중반이니까 늦었다고 생각했다. 하지만 나는 서른일곱에 새로운 도전을 시작했다. '이렇게 살면 안 될 것 같은데?'라는 생각이 극으로 치달았을 때 내 나이가 서른일곱이었다. 다시 생각해 보니 서른일곱이던 나는 그 당시가 가장 젊은 날이었다.

2. 14년 의류 사업의 끝

나는 의류 사업을 오래 했고, 그것도 두 번이나 의류 사업을 했다. 의류 사업을 시작할 때마다 월 1억 원 이상 대박도 찍어보며 어린 나이에 흔치 않은 경험도 해봤다. 첫 번째 의류 사업을 했던 나이가 스물여섯이었다. 지금 생각하면 참 어린 나이였다. 운이 좋게도 시작하자마자 두 달 만에 월 매출 1억 원이라는 큰 성과를 거뒀다. 하지만 3년 뒤엔 빚만 7,500만 원을 지고 말았다. 어떻게든 이겨내야 했다. 5,000만 원의 대출과 한도 500만 원 신용카드 5개를 돌려막기 시작하면서 이제 더는 버틸 힘이 없다고 생각했던 그때, 부업으로 시작했던 온라인 의류 도매 사업이 또 한 번 대박이 났다. 두 번째 온라인 의류 도매 사업을 10년간 하면서 평범하게 직장 다니는 것보다는 조금 더 벌었던 것 같다. 그렇게 나는 내 사업의 노예가 되어 있었다. 나이를 먹을수록 새로운 일을 할 용기는 없어졌고, 열정도, 체력도, 패기도 남아 있지 않았다.

결정적인 계기는 매출 부진으로 엄청난 번아웃에 시달렸을 때였다. 의류 사업은 계절에 따라 성수기와 비수기가 확실하게 나뉜다. 계절이 크게 바뀌는 1~2월, 8월은 비수기고 한창 시즌인 4~6월, 특히 10~12월이 성수기다. 의류 사업을 하는 사람들은 이 성수기를 준비하며 비수기를 보내곤 한다. 나 또한 10~12월 성수기를 기대하며 어느 때보다 열심히 준비하며 겨울을 보냈다. 그런데 그 해, 막 오르던 매출이 어느 날부터 갑자기 떨어지기 시작하더니 전년 대비 반 토막이 났다. '힘들 땐 더 열심히'라는 내 신조가 무색하게 아무리 열심히 해도 나아지지 않았다. 매일 새벽 6~7시에 잠들고, 온종일 일을 해도 떨어진 매출은 오를 기미가 보이지 않았다. 그렇게 겨울 성수기가 끝났다. 그리고 나는 심각한 번아웃에 빠졌다. 그때 이런 생각이 들었다. '왜 열심히 한 만큼 돌아오지 않지?'

열심히 일한다는 것에 회의감이 들었고, 불안정한 이 일을 당장이라도 그만두고 싶었다. 하지만 그럴 용기도, 대책도 없었다. 내가 한 만큼 돌아오지도 않는 일을 붙잡고 억지로 하면서 매일 밤 다음 날이 오는 것이 싫어 늦게 잠들었고, 새로운 하루를 버텨야 하는 것이 두려웠다. 번아웃 이후, 내 삶은 그야말로 지옥 같았다. 아무런 희망이 없는 내일을 위해 잠드는 게 싫을 정도였으니…. 지금 돌아보면 우울증에 걸리지 않은 게 다행이라는 생각이 든다.

결국 매출이 다시 회복하고 나서야 번아웃을 극복할 수 있었지만, 나는 그날 이후로 과거에 매여 살았다. 다시 힘들어지고 싶지 않아서 더 열심히 일했고, 다시 힘들어질까 봐 늘 불안하고 두려웠다. 늘 과거를 향해 뒤돌아보고 있던 나는 앞에 놓인 밝은 미래를 볼 수 없었다. 그렇게 매일 불안하고 걱정하는 마음으로 사업을 근근이 유지하며 서른일곱이 되었다. 늦은 나이에 결혼해서 미래를 그리다 보니 이런 생각이 들었다. '이렇게 살면 안 될 것 같은데?'

이미 몸도 마음도 너무 많이 상해 있었다. '트렌드를 따라가는 의류 사업을 나이를 먹어서도 계속할 수 있을까?' 하는 회의감이 나를 더욱 불안하게 했다. 또, 내가 옷을 만지는 시간보다 판매하는 데 더 많은 시간을 쓰고 있다는 것을 깨달은 날부터는 하루라도 빨리 이 일을 그만두고 싶었다.

3. 책으로 새로운 꿈을 찾았다

힘들게 꾸려나가던 의류 사업을 접고 서른일곱에 결혼을 했다. 이전에도 늘 불안하고 걱정이 많았지만, 결혼하면서 일에서 점점 멀어지는 내 모습에 불안감과 걱정은 더욱 증폭되었다. 뭐라도 다시 시작해야 했다. 그런데 막상 뭘 해야 할지 몰랐다. 오로지 의류 사업을 한 경험밖에 없어서 다른 일을 시작할 수도 없었고, 돈이 되는 일이 뭔지도 몰랐다. 그래서 당장 내가 할 수 있는 일부터 시작했다. 그 일은 바로 독서였다.

나는 이때부터 내가 불안하거나 답답한 일이 생기면 무조건 관련 책을 읽으며 해소했다. 사서 읽기도 했지만, 매일 집 근처 도서관으로 출근하다시피 하며 책을 읽기 시작했다. 그런데 나중에 SNS를 할 때 이 과정이 무척 중요하다는 사실을 깨달았다. 이때 읽은 책을 통해서 SNS의 주제가 될 관심 분야를 찾았고, 내가 경험해 보지 않은 것을 알게 됐으며, 다른 사람의 간접 경험을 통해서 배울 수 있었기 때문이다. 나에게 지금도 책은 끊임없이 콘텐츠를 만들 수 있는 원동력이다.

SNS로 뭔가 삶을 바꾸고 싶은데 뭘 해야 할지 모르겠다면 지금 당장 집 근처 도서관에 가서 구석구석 책을 살펴보자. 조금이라도 관심이 가는 분야가 있다면 관련 책을 5권 정도 읽어보자. 억지로 끝까지 읽을 필요는 없다. 읽다가 아니다 싶으면 다음 책으로 넘어가도 괜찮다. 읽어봤는데, 생각한 것과 다르고 내 관심이 착각이라 느껴지면 다른 분야에 접근해 보자. 그렇게 내가 마음에 드는 분야를 찾아보는 거다.

이 작업은 매우 중요하다. 내가 좋아하고 관심이 있는 분야를 찾는 건 콘텐츠를 만드는 기초가 된다. SNS를 통해서 어떤 콘텐츠로 내 인생을 바꿀지는 결국 어떤 분야에서 독보적인 존재가 될 것인지와 같은 이야기이다. 그래서 관심이 가는 분야를 찾고, 꾸준히 공부하고 알려줄 수 있는 주제를 찾아야만 한다. 일을 다 경험해 보지 않고도 내 주제가 무엇일지를 알 수 있는 가장 저렴하고 쉬운 방법이 바로 책이다. 책을 통해서 일단 마음에 드는 분야를 찾았다면 관련 분야의 책을 20권 정도는 읽어보는 것을 추천한다. 한두 권 읽어서는 모른다. 내가 정말 좋아하는 주제인지도 아직 모르고, 그 분야를 어느 정도 안다고 자부하기도 어렵다. 그러니 최소 20권은 읽어보자. 책을 읽으며 공통으로 나오는 부분을 체크하고, 그 분야 안에서도 더 디테일하게 배워보자. 그렇게 계속 읽고 배우다 보면, 어느새 그 분야의 전문가가 되고 콘텐츠에 대한 전문성도 갖추게 될 것이다.

아마 여기까지 읽은 독자는 이렇게 생각할지도 모른다. '아, 뭐야~! 결국 책 읽으라는 거야?' 맞다. 내가 20대 후반에도 늦었다고 생각해서 시작할 수 없던 일을 30대 후반에 시작하게 해준 도구가 바로 책이었기 때문이다. 이전까지 나한테 책은 쇼핑하는 것이었지 읽는 것이 아니었다. 나는 책과는 거리가 먼 사람이었다. 하지만 내가 격하게 변하고 싶다고 느끼던 그 시점에 가장 먼저 시작했던 게 평소 읽지 않던 책을 읽은 것이었다. 지금은 생각나지도 않는 아주 빤해 보이는 제목의 책을 완독한 것을 시작으로 책에 빠져들었다. 뻔했던 책에서 하라고 했던 감사하기, 긍정적으로 생각하기, 베풀기 등등 '돈도 안 드는데 하라는 대로 한번 해볼까?' 하고 시작했던 것이 지금의 나를 만들었다. 그 뻔한 이야기와 작은 실행이 지금의 큰 결과를 만든 것이다. 이후로 내가 필요한 분야의 책을 계속해서 읽어 나갔고, 지금은 책을 쓰고 있다. 그렇게 책을 시작으로 내 인생이 변했다. 지금 이 책을 읽고 있는 여러분도 책을 읽기 시작했으니 이미 변화를 맞이할 준비를 시작한 것이나 다름없다.

4. 기회는 경험과 사람한테서 온다

6개월쯤 혼자 책을 읽다 보니 입이 근질근질했다. 그렇다. 나는 말 많은 수다쟁이였고, 조용히 책을 읽는 것과는 거리가 먼 사람이었다. 혼자 읽으면서 뭔가 배우는 것이 좋았고, 생각의 폭을 넓혀가는 것도 좋았지만, 어느 날 문득 '내가 제대로 읽고 있는 건가?' 하는 생각이 들며 걱정이 되기도 했다. 함께 책을 읽을 사람이 필요했다. 책을 읽고 내 생각이 옳은지 그른지를 따질 수 있게 도와줄 모임이 필요했다. 그래서 모임 앱으로 내가 살던 지역에 있는 독서 모임을 찾아보기 시작했다. 내가 원하는 건 명확했다. 같이 책을 읽고 이야기 나눌 독서 모임. 하지만 아무리 찾아봐도 없었다. 그저 만나서 자유롭게 책을 읽고, 읽은 책에 관해 이야기하는 모임뿐이었다. 결국 내가 직접 독서 모임을 만들어 버렸다. 그런데 이 독서 모임은 매번 오픈하자마자 5분 만에 전석 마감되며 그야말로 대박이 났다. 이 모임은 회원이 150명 가까이 되면서 내가 살던 지역에서 가장 큰 독서 모임으로 성장했고, 내 꿈을 시작하는 발판이 되어 주었다.

나는 이 독서 모임 안에서 내가 하고 싶은 것을 하나하나 만들어 나갔다. 매달 독서 외의 활동적인 행사를 마련해 회원들이 책에서 얻은 지식을 행동으로 옮길 수 있게 도와주었고, 20명씩 단체모임을 열어 책과 관련한 강의도 기획했다. 나중에 내가 강의를 하고 싶다는 꿈이 생겼을 땐, 이 모임은 나에게 강의 경험을 쌓게 해주었고 네트워크의 토대가 되어 주었다. 나는 이 독서 모임을 통해서 내 무대와 판을 만들어 갈 수 있었고, 내가 기획을 잘한다는 것, 행사를 이끄는 능력이 있음을 알았으며, 강의력까지도 검증할 수 있었다. 하지만 무엇보다 중요한 것은 그 안에서 만난 '사람'이었다. 10여 년 가까이 재택으로 근무하며 의류 사업만 하던 나에게 다양한 분야에서 다른 삶을 사는 사람들은 신선한 충격으로 다가왔다. 모임을 할 때마다 분명 같은 책을 읽었지만, 사람들은 다른 삶을 보여주었다. 내가 전혀 몰랐던 삶과 직업군에 관한 이야기를 들으며 생각도 넓어지고, 새로운 정보도 많이 얻을 수 있었다.

경험하지 못한 것은 선택할 수 없는 것처럼, 알지 못하는 것은 선택할 수 없다. 내가 알지 못하는 것을 주변의 누군가는 분명 알고 있고, 그것이 좋은 것이라면 분명 주변에 알릴 것이다. 따라서 주변에 사람이 없다면 좋은 정보도, 기회도 없다. 나는 집에서 일하던 삶에서 나와 다양한 사람을 만나며 새로운 정보를 얻었고 새로운 기회도 얻을 수 있었다. 그러면서 그 안에서 내가 할 수 있는 것을 찾을 수 있었고, 희망과 용기도 얻을 수 있었다. 기회는 집 안에 있지 않다. 기회는 사람한테서 온다.

독서 모임의 경험은 내가 SNS를 시작하고 강의를 시작하는 데 결정적인 역할을 했다. 독서 모임 자체는 돈이 되지도 않았고 오히려 돈이 나가는 일이었다. 게다가 신혼이었음에도 주말마다 독서 모임에 4시간씩 쏟아부어야만 했기 때문에 '내가 지금 돈도 안 되는데 뭐 하고 있는 거지?'라는 생각으로 현타가 온 적도 있었다. 하지만 1년 반 뒤, 나는 독서 모임 덕분에 돈보다 더 큰 것을 얻을 수 있었다. 독서 모임은 내가 꿈꾸는 미래의 시작점이 되었다. SNS 브랜딩을 독서 모임으로 시작했고, 내 첫 강의는 독서 모임 운영에 관한 강의였다. 덕분에 강원도 태백에 있는 교육청에 첫 출강을 나가는 엄청난 경험을 하기도 했다.

이제 와 돌아보니 의미 없는 경험은 없었다. 현타가 왔던 독서 모임도, 힘들었던 의류 사업도, 모든 경험은 지금의 '나'를 완성해 주는 과정이었다. 그 어느 하나라도 없었다면 지금의 나는 없었을 것이다. 분명 다른 삶을 살고 있을 것이다. 누군가 지금 혹시라도 쓸모없는 경험을 하고 있다고 느낀다면 나는 아니라고 말해주고 싶다. 지금의 그 경험은 언제 어디에서 쓰일지 모른다. 그리고 어떤 경험이든 그 경험을 콘텐츠로 만들어 다른 사람을 도울 수 있다면, 그 경험은 굉장히 값진 경험이 될 것이다. 이 세상에 불필요한 경험은 없다.

5. SNS를 시작하기 전, 나를 탐색하는 과정이 필요하다

우리가 SNS를 시작하기 전에 이렇듯 나를 탐색하는 과정이 필요하다. SNS 콘텐츠에는 일관성이 필요하다. 한 분야에서 독보적인 존재가 되어야 하고, 그러기 위해서는 일관된 메시지와 주제가 필요하다. 따라서 나를 탐색하는 과정 없이 무턱대고 SNS를 시작하다 보면, 바로 이 부분에 많은 혼란을 겪기도 한다. SNS가 돈이 된다고 무작정 시작하는 사람이 그렇다. 돈을 벌고 싶다면 무엇으로 돈을 벌지, 어떤 사람을 도움으로써 돈을 벌지를 결정해야 한다. 나를 탐색하는 일련의 과정을 거치지 않고 단순히 돈을 벌려고 SNS를 시작한다면, 분명 어느 순간 지속할 힘이 사라지고 만다. 목표가 없기 때문이다. 진정으로 SNS를 통해 꿈을 실현하고 싶다면, 섣부르게 시작하기보다는 꼭 나를 탐색하는 과정을 거치기를 추천한다.

나를 탐색하는 과정에서는 많이 읽고, 많이 경험하고, 많이 만나야 한다. 언제 어디에서 어떤 경험을 통해 내 꿈을 찾을지 모른다. 계속해서 책, 경험, 사람을 통해 배워나가야 한다. 그리고 새로운 삶을 살기로 했다면, 새로움 속에 뛰어들어야 한다. 늘 같은 일을 하면서 새로운 삶을 꿈꾸는 것은 망상이나 다름없다. 아인슈타인의 명언 중 이런 말이 있다. "매번 같은 일을 반복하면서 다른 결과가 나오길 기대하는 건 정신병자다."

이런 적극적인 탐색 과정에서 나를 새롭게 알게 되고, 나를 표현하는 방법을 알게 될 것이다. 그리고 진정으로 내가 원하는 삶이 무엇인지도 알게 된다. SNS에는 결국 내가 보이는 콘텐츠를 만들어야 하는데, 나를 모르고 콘텐츠를 만든다는 건 사실 말이 안 되는 소리다. 그동안 해보지 않았던 탐색 과정을 통해 생각지도 못했던 나를 발견하게 될 것이다. 그리고 내가 그랬던 것처럼 할 수 없을 것만 같았던 일이 꿈이 되고, 그 꿈을 이루기 위해 도전하게 될 것이라 확신한다.

02
내 꿈을 찾는 4가지 방법

'꿈이 어떻게 되세요?' 어릴 적, 10대 때나 들었을 법한 이 질문을 지금 나이에 듣는다면 분명 웃기는 소리 하지 말라고 할 것이다. 나 또한 그렇게 생각했다. 내 나이 서른일곱에 이 말을 들었을 때, 나는 아무 말도 할 수 없었다. 그동안 나에게 꿈을 물어본 사람이 없었기 때문이다. 꿈은 어릴 때나 갖는 것으로 생각했지, 마흔이 다 되어가는 나이에 꿈을 갖는 건 말도 안 된다고 생각했다. 어차피 이룰 수 없을 거로 생각했다. 하지만 내 생각은 완전히 틀렸다.

나에겐 꿈이 생겼고, 꿈이 있을 때와 없을 때의 삶은 180도 달라졌다. 꿈이 없을 때의 삶은 말 그대로 미래가 없었다. 한마디로 하루살이 같은 삶이었다. 아마 지금도 꿈이 없이 살아가는 사람이 많으리라 생각한다. 직장에 다니며 매달 나오는 월급에 의존하다 보니 생각을 멈춘 사람들, 매일매일 실무에 시달리며 생각할 시간조차 없는 자영업자들, 오늘 하루를 잘 살고 나면 그에 대한 대가를 받으며 하루하루 버티고 있는 사람들에게 나는 꼭 꿈을 찾아보라고 말하고 싶다.

꿈은 허상이 아니다. 하지만 대부분 꿈을 꾸기만 할 뿐, 그 꿈을 현실로 만들기 위해 노력하지 않는다. 그래서 우리는 꿈이 허상이라고 생각하기 쉽다. 꿈을 이루지 못했으니까. 나는 꿈을 이뤄봤다. 꿈을 현실로 만드는 것은 온전히 내 의지였다. 미래의 꿈을 이루기 위해 오늘 내가 무엇을 해야 할지 생각하고, 그것을 실행해 나가면서 나는 크게 성장했고, 인생이 변했고, 나라는 사람의 가치가 올라갔다. 그리고 결국 꿈은 현실이 되었다. 나는 2년 전 말했던 김미경 선생님 같은 강연가가 되고 싶다는 꿈을 어느 정도 이루었고, 지금은 옷이 아니라 '말'을 팔고 있다. 사람들에게 SNS로 희망을 주고, 할 수 있다는 용기를 주고 있다. 약간의 실체가 드러난 이 꿈을 더욱 완벽하게 만들어 나가는 과정에 있다. 이래도 꿈이 허상일까?

꿈을 찾고 이뤄가는 과정을 통해 내가 살아가는 이유를 찾고, 그 과정에서 더 나은 나를 만들어 갈 수 있다. 꿈은 찾고 만들어 가는 것이다. 기대되는 내일도 찾고 만들어 가는 것이다. 이렇게 일상에서 주체적으로 꿈을 찾고 만들어 가는 과정에서 정말 많은 기회가 다가올 것이다. 기회도 주체적이고 부지런한 사람을 좋아하기 때문이다.

콘텐츠 만드는 얘기가 궁금한데 자꾸 딴소리한다고 생각할지도 모르겠다. 하지만 이 과정은 정말 중요하다. 내가 뭘 하고 싶은지 알아야 콘텐츠가 나온다. 정말 많은 사람이 영상과 카드 뉴스를 만드는 스킬은 있어도 정작 뭘 만들어야 할지 몰라서 콘텐츠로 돈을 벌지 못한다. 꿈이 뚜렷해지거나 내가 좋아하고 잘하는 게 뭔지 알면 콘텐츠의 방향성이 확실해지고 콘텐츠가 단단해지면서 흔들림 없이 SNS를 운영할 수 있다.

SNS를 단순히 돈벌이로만 생각한다면 지속하기가 어렵다. 또, SNS에서 정말 중요한 진정성도 떨어질 수밖에 없다. 무조건 SNS로 돈을 벌 수 있다고 말하기보다 내가 정말 하고 싶은 것으로, 전하고 싶은 메시지로 콘텐츠를 만들어야 한다. 그렇게 만든 콘텐츠를 통해 꿈을 이루고 의미 있게 돈을 벌어야 한다. 그러기 위해 반드시 자신의 꿈을 잘 알아야만 한다. 그렇다면 앞으로 내 SNS 주제가 될 꿈을 어떻게 찾을 수 있을까?

1. 내 이키가이 찾기

내 SNS의 주제가 될 꿈을 찾는 첫 번째 방법은 일본어로 '사는 보람' 혹은 '존재 이유'를 뜻하는 '이키가이'를 찾아보는 것이다. 그 방법은 '내가 좋아하는 것'과 '내가 잘하는 것', 내가 가진 능력 중에서 '세상에 필요한 것'과 '돈이 되는 것' 4가지로 나를 정리한 다음에 여기에 모두 해당하는 것을 찾는 것이다.

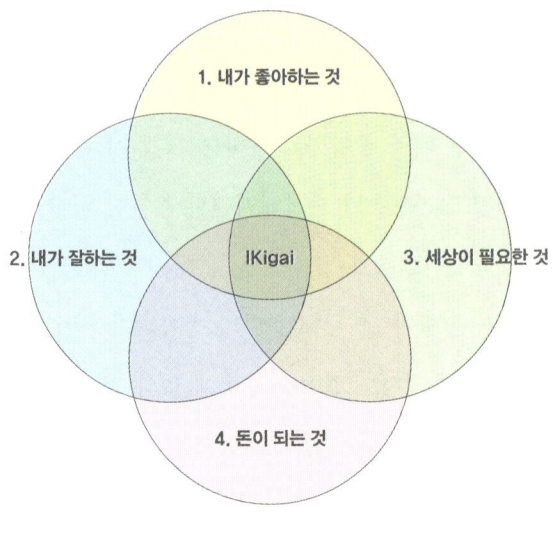

[그림 1] 이키가이

    이렇게 찾은 이키가이는 내가 좋아하기 때문에 열정적으로 할 수 있고, 잘하기 때문에 빠르게 성과를 낼 수 있다. 세상에 필요하기 때문에 뿌듯함을 느낄 수 있고, 돈이 되기 때문에 지속해서 할 수 있다. 이키가이를 한번 작성한다고 해서 내가 진짜 원하는 일을 쉽게 찾을 수는 없다. 하지만 이키가이를 적으면서 생각해 보는 것만으로도 나에 대해 알 수 있고, 그동안 생각해 보지 않아 잘 몰랐던 나에 대해 알아가는 계기가 될 수 있다.

    나에 대해서 '좋아하는 것'과 '잘하는 것', 내 능력 중에서 '세상이 필요한 것'과 '돈이 되는 것'으로 나누어 하나하나 적다 보면 분명 겹치는 부분이 생긴다. 그 부분을 하나씩 조합하다 보면 이키가이를 찾을 수 있다. SNS로 꿈을 이루려면, 그것을 단순히 좋아하기만 해서도 안 되고, 잘하기만 해서도 안 된다. 그리고 좋아하기도 하고 잘하기도 하지만, 막상 돈이 안 되면 지속하기 어렵다. 끝으로 돈이 되더라도 그 일에 의미가 없으면 단순한 돈벌이로 전락하고 만다. 그래서 이 4가지를 다 충족할 때, 진정으로 원하는 삶을 찾게 된다. 아래 표를 보고 나에게 맞는 것을 하나하나 적어 보자.

내가 좋아하는 것	
내가 잘하는 것	
내 능력 중에서 세상에 필요한 것	
내 능력 중에서 돈이 되는 것	

[표1] 나에 대해 4가지를 적어 보기

좋아하는 일과 잘하는 일이 만나면 '열정'이 되지만, 열정만으로는 지속성이 떨어진다. 잘하는 일과 돈이 되는 일을 만나면 '직업'이 된다. 돈이 되면서 세상에 필요한 일이 만나면 '천직'이 된다. '뭔가 하고 나면 뿌듯하고 의미도 있는데 돈도 된다니. 이거 진짜 나한테 천직이야!' 한 번쯤 이런 생각이 들거나 이런 말을 들어본 적이 있을 것이다. 하지만 돈이 되고 세상에 도움이 되지만, 재미도 없고 내가 잘하지도 않으면 그것 또한 괴로운 일이 된다. 마지막으로 내가 좋아하고 세상에도 필요한 일은 대부분 사명감으로 하지만, 결국 돈이 되지 않아 지속하기 어려울 때가 많다. 좋은 마음으로 시작하더라도 에너지는 쏟고 있는데 보상이 없다면 회의감이 들 수밖에 없다.

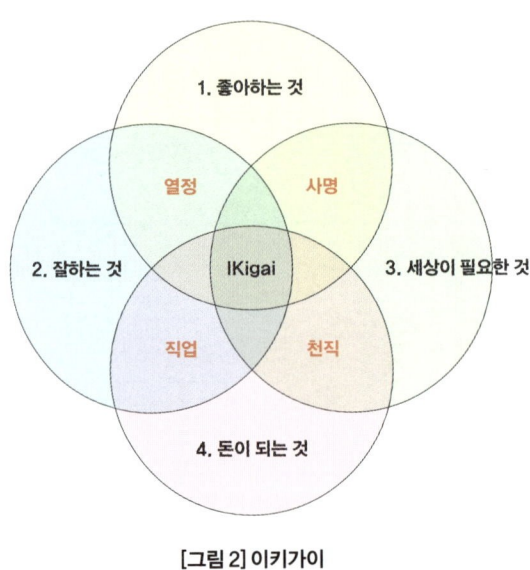

[그림 2] 이키가이

이렇듯 뭐 하나라도 부족하면 분명 문제가 생긴다. 사람들은 대부분 이 4가지 조건을 모두 만족하는 일이 아니라, 대충 2가지 정도의 조건을 만족하는 일을 하고 있을 확률이 높다. 하지만 이 4가지 중 하나만 부족해도 우리는 언젠가는 회의하게 된다. '내가 이 일을 왜 하고 있지?'라는 생각이 언젠간 찾아온다.

- 내가 좋아하면서 잘하고 세상에도 필요한 일인데 돈이 안 된다면, 일할 때 기쁘고 삶이 의미로 충만하더라도 생계가 어려워 지속하기가 힘들다.

- 내가 좋아하면서 돈이 되고 세상에도 필요한 일인데 잘하는 일이 아니라면, 할 때마다 즐겁고 나름 만족스럽더라도 잘하지 못하니 여러모로 늘 불안하게 된다.

- 내가 잘하면서 돈이 되고 세상에도 필요한 일인데 좋아하는 일이 아니라면, 마음은 편안하더라도 늘 좋아하는 일을 하고 싶다는 생각에 공허할 것이다.

- 내가 좋아하면서 잘하고 돈도 되지만 세상에 필요한 일이 아니라면, 나름대로 만족스럽더라도 쓸데없다고 느끼게 된다.

내가 사업을 할 때 딱 이런 마음이었던 것 같다. 내가 좋아하는 옷과 관련된 의류 사업을 오랫동안 잘하면서 매달 웬만한 월급쟁이보다 많은 돈을 벌었지만, 그저 돈벌이에 급급했지 일에 대한 사명감은 없었다. 그래서 마음 한편에는 늘 '뭔가 다른 일이 있지 않을까?' 하는 생각을 하며 살았다. 지금 여러분은 4가지 중에서 어디에 속한 일을 하고 있는가? 우리는 이 표를 채워보며 이 4가지에 딱 들어맞는 한 가지 일을 찾아야 한다.

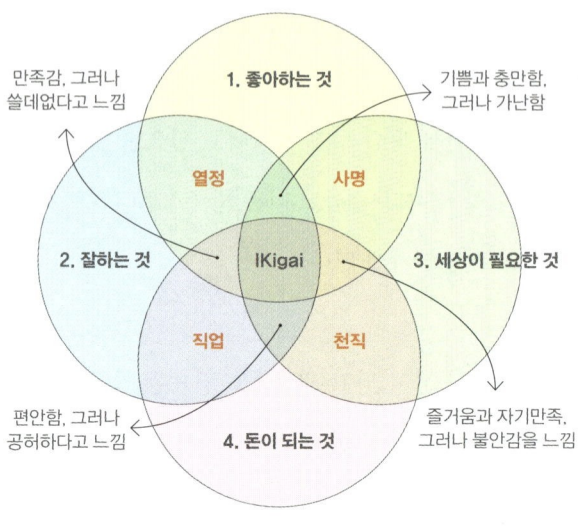

[그림 3] 이키가이

서른일곱, 당시의 나로 돌아가 표를 작성해 봤다. 그리고 이 안에서 공통점과 내가 하고 싶은 것을 굵은 글씨로 표시해 보았다. 나는 말하는 걸 좋아할 뿐 아니라 말을 잘하는 사람이었고, 독서와 꿈, 희망에 관해 이야기하고 싶은 사람이었다. 사실 돈이 되는 것은 별로 가진 것이 없었다. 그래서 나는 SNS로 돈이 되는 것을 만들어 가기 시작한 다음 스스로 나에 대해 찾고, 부족한 부분을 채워가면서 진짜 꿈을 찾고 실현할 수 있게 되었다.

좋아하는 것	수다 떨기(말하기), 노래 부르기, 춤추기, 사람들 웃기기, 쇼핑하기(옷), 수상 스키(체육활동), 독서하기, 기획하기, 여행하기
잘하는 것	말하기, 친구들 상담, 실행하기, 옷 코디하기, 운동, 글쓰기
세상에 필요한 것	10년 사업 경험, 독서, 동기부여, 꿈과 희망
돈이 되는 것	의류 사업 컨설팅, 공간 임대

[표 2] 리지팍의 4가지

분명 지금 생각하는 것이 귀찮고 어려워서 이 글을 읽기만 하고 그냥 넘어가는 사람도 있을 것이다. 나도 그런 적이 있었다. 하지만 늘 기회는 귀찮고 어려운 것 뒤에 숨어 있다. 지금 당장 펜을 꺼내서 나에 대해 4가지 항목을 적어보기 바란다. 분명 그 안에 원하는 답이 있을 것이다.

2. 내 단점 찾기

갑자기 단점을 찾으라니 당황했을 수도 있겠다. 하지만 단점 속에 엄청난 비밀이 숨어 있다는 것을 알면 당장 찾고 싶어질 수도 있다. 단점은 알고 보면 장점일 수 있다. 내가 이렇게 생각하게 된 계기는 지금의 내 강점이 알고 보면 다 단점이라 여겼던 것이기 때문이다.

넌 말이 너무 많아, 목소리가 너무 커

나는 가끔 식당이나, 카페에서 민폐의 대상이기도 했다. 말도 많은데 목소리도 커서 눈치 보일 때도 많았고, 집에 와서 내가 '또 뭐 실수한 거 아닐까?' 하고 고민한 적도 많았다. 그런데 내가 책을 읽으면서 머릿속에 좋은 것이 채워지니 쓸데없이 불필요한 말을 하는 습관이 사라지고, 사람들에게 좋은 말을 해줄 수 있는 사람이 되었다. 말이 많고 목소리가 큰 덕분에 강의하는 자리에서는 너무너무 좋을 수밖에 없었다. 필요한 곳에 있지 않을 때는 단점이었지만, 필요한 곳에 쓰이니 너무나 큰 장점이 되었다.

넌 성격이 너무 급해

나는 성격이 급하다. MBTI에서도 즉흥적인 P인데다가 성격도 급하다 보니, 늘 대책이 없고 즉흥적으로 일을 벌이고 나서 후회하는 때도 많았다. 그런데 어느 날부터 사람들이 이렇게 말하기 시작했다. "실행력이 정말 좋으시네요~!", "추진력이 정말 좋으시네요~!" 급하고 즉흥적인 성격이 알고 보니 나에게는 엄청난 실행력과 추진력의 근원이었다. 그 덕분에 실수도, 실패도 많이 해볼 수 있었고, 많이 배웠고, 원하는 꿈을 이루었다. 즉흥적이고 급한 성격이 오히려 성과를 만드는 데 도움이 되었다.

우리는 늘 부족한 것만 본다. 잃은 것만 보는 데 익숙하다. 하지만 다른 관점으로 볼 필요가 있다. 나처럼 급하게 움직여 뭔가를 잃을 수도 있지만, 덕분에 얻은 것도 분명 있다. 단점도 다른 관점에서 볼 필요가 있다. 다른 관점에서 보면 뭔가 많이 얻게 해주는 장점일 수도 있다.

단점을 적고 장점으로 바꿔보기	
단점	장점

[표 3] 나의 단점을 장점으로 바꿔보기

3. 동사로 꿈 찾아보기

아직도 꿈이 뭐냐고 물으면 선생님, 의사, 유튜버, 부자처럼 명사로 생각하는 사람이 많다. 하지만 꿈을 동사로 생각하면 할 수 있는 일이 정말 많고 꿈도 뚜렷해진다는 사실에 놀랄 것이다. 나는 언젠가부터 사람들에게 말로 용기와 희망을 주는 사람이 되는 꿈을 꾸었다. 이런 사람을 강연가라고 부른다. 하지만 나는 강연가라는 명사가 아니라 '말로 먹고사는 사람'이라고 나 자신을 칭하곤 했다. 그리고 지금 나는 강연, 강의뿐만 아니라 컨설팅, 코칭 등등 '말'이 돈이 되는 사람이 되었고, '말'로 누군가에게 희망을 주는 사람이 되었다. 자신의 꿈을 명사가 아니라 동사로 표현해보자. 어떤 사람이 되고 싶은가?

아래 표에서 동사를 찾아보자. 일단 맘에 드는 동사를 다 골라보자. 골랐던 동사에서 또 한 번 체크하며 마음에 드는 동사를 3개로 추려 보자. 그리고 그 동사로 할 수 있는 일을 나열해 보자.

가꾸다	작곡하다	배달하다	토론하다	디자인하다	분류하다	소속되다	영업하다	경쟁하다	계획하다	코딩하다
생각하다	기획하다	평가하다	수사하다	알려주다	설명하다	거래하다	모으다	취재하다	수선하다	집중하다
보호하다	촬영하다	강의하다	양육하다	기부하다	계산하다	개발하다	명령하다	작사하다	편집하다	장식하다
번역하다	수리하다	경영하다	통역하다	탐지하다	미용하다	운전하다	서비스하다	키우다	발견하다	요리하다
글 쓰다	말하다	달리다	운영하다	소통하다	탐험하다	만나다	검토하다	설계하다	상담하다	정리하다
연구하다	웃게 하다	만들다	조련하다	연기하다	노래하다	홍보하다	수집하다	따라하다	판매하다	가르치다
조립하다	재배하다	가꾸다	도전하다	고치다	설득시키다	춤 추다	공부하다	독서하다	추진하다	들어주다
협동하다	창작하다	훈련시키다	운동하다	이어주다	상상하다	찾다	제작하다	컨설팅하다	봉사하다	해설하다
게임하다	그리다	등산하다	비평하다	기록하다	장난치다	웃기다	연주하다	추진하다	여행가다	먹다

[표 4] 꿈을 찾는 동사들

글쓰기를 골랐다면 작가, 카피라이터, 블로거 등등의 일에 도전해 보면 좋을 것이다. 나처럼 말하기를 고른 사람이라면 강사, 코치, 컨설턴트 등 내가 할 수 있는 일을 골라보면 좋을 것이다. 꼭 하나만 고를 필요는 없다. 저마다 다양한 능력이 있고, 다양한 분야에 관심이 있을 수 있다. 여러 가지를 골라 관련된 직업을 나열해 보자. 그리고 가능성이 있는 것에 도전해 보자. 장담컨대 지금이라도 시작할 수 있다. 미처 몰라서 못 했을 뿐이다.

4. 내 강점 검사하기

강점 검사라고 들어본 적이 있는가? 인터넷에 찾아보면 무료 강점 검사도 쉽게 찾아볼 수가 있지만, 내가 추천하는 강점 검사는 '갤럽 강점 검사'다. 이 검사는 사이트를 찾아 바로 해볼 수도 있고, 《위대한 나의 발견 강점 혁명》(갤럽 프레스, 청림출판)을 사면 검사할 수 있는 코드를 받을 수도 있다. 나는 이미 꿈을 찾고 나서 해보긴 했지만, 아주 깜짝 놀랄만한 검사 결과를 받고서 이 검사를 신뢰하게 되었다. 이 검사에서 나온 나의 첫 번째 강점은 '커뮤니케이션 능력'이었다. 커뮤니케이션 강점은 말 그대로 사람들과의 소통, 곧 말을 잘하는 사람이었다. 말을 숨 쉬듯 하는 사람, 말하면서 생각이 정리되는 사람, 대화나 발표에 능한 사람, 이는 정말 딱 나에게 들어맞았다. 내가 꿈을 찾기 전에 이걸 알았다면 어땠을까 하는 아쉬운 마음이 들 정도로 커뮤니케이션 능력뿐만 아니라 나머지 4가지 강점도 나에게 너무 잘 들어맞았다.

많은 사람이 살아가면서 약점에 집중하곤 한다. 잘하지 못하는 것에 초점을 맞추고, 못하는 것에 매달리며 시간을 낭비한다. 약점에 매달리다 보면 자존감도, 자신감도 낮아질 수밖에 없다. 우리는 강점에 집중해야 한다. 우리가 잘하는 것을 더 잘하는 것이 약점에 집중하는 것보다 훨씬 승산이 있기 때문이다. 같은 시간 약점에 집중하는 것보다 강점에 집중했을 때 더 큰 성과를 얻을 수 있다. 자신이 뭘 잘하는지 알고, 그것에 집중해 역량을 키우는 것이 성공으로 가는 시간을 줄여주는 중요한 전략이다. 내가 뭘 잘하는지 아직도 모르겠다면, 이제부터라도 나의 강점에 집중하고 싶다면, 강점 검사를 꼭 해보자. 유료지만 돈이 아깝지 않을 것이다.

03
목표와 주제 잡기

1. 목표 잡기

목표가 있어야 흔들림 없이 지속할 수 있다

앞에서 찾은 '내 꿈'이 곧 목표가 된다. 목표가 정확하면 SNS를 하면서 흔들림 없이 달릴 수 있다. 강연가가 목표였던 나는 당시 핫하던 다양한 수익화 수단에 흔들리지 않을 수 있었다. 그것들이 내 목표에 도움이 되지 않았기 때문이다. 이처럼 목표는 SNS의 방향성을 제시해 준다. 내가 잘못된 길로 가지 않도록 도와주고, 혹시나 잘못된 방향으로 가더라도 내비게이션처럼 새로운 경로를 찾아준다. 그래서 SNS를 시작할 때 목표가 꼭 필요하다.

목표가 없는 사람은 쉽게 흔들린다. 남과 비교하면서 괴로워하고, 의미 없는 조회 수에 집착한다. 모든 것이 수치화되는 SNS 세계에서 목표 없이 계정을 운영하는 것은 사막에서 길을 찾아 헤매는 것과 같다.

단순히 팔로워가 많다고, 조회 수가 높다고 해서 성공하는 것이 아니다. 그 많은 팔로워와 조회 수를 어디에 쓸지를 아는 사람과 모르는 사람은 SNS를 완전 다르게 접근한다. 우리가 사업 계획서를 쓰듯이 SNS에도 계획이 있어야 한다. 즉 SNS도 사업으로 접근해야 한다. 목표 없이 그냥 하다 보면, 뭐가 될 거라며 막연하게 운영하다 보면, 언젠가 방향성을 잃고 포기하게 된다. 목표를 토대로 계획을 세우고 전략적으로 계정을 키워가는 사람이 더 빠르고 정확하게 기회를 찾을 수밖에 없다.

목표를 잡을 때 알아두어야 할 것

첫 번째, 목표는 언제든 바뀔 수 있다. 정말 최선을 다하다 보면 이 길이 아니라는 생각이 들 수도 있고, 끊임없이 나를 찾아가다 보면 정말로 더 하고 싶은 것을 새롭게 찾을 수도 있다. 그러니 지금 잡은 목표가 끝까지 가야만 한다고 생각하지 않아도 괜찮다. 나도 한때는 목표가 100억 부자였다. 독서 모임 회원과 함께 100억, 200억을 서로 경쟁하듯 외치던 시절이 있었다. 그랬던 나도 돈이 아닌 정말 원하는 꿈을 찾았고, 지금은 그 길을 향해 마라톤을 하고 있다. 그러니 부담 갖지 말고 목표를 잡는 연습부터 해보길 바란다.

두 번째, 목표는 될 때까지 해내는 것이다. 앞에서 목표는 바뀔 수 있다고 말했지만, 그 뜻은 조금 해보고 "이게 아닌데?" 하며 쉽게 포기하고 바꾸라는 것이 아니다. 정말 최선을 다해 목표를 향해 노력한 후, 그때 가서 판단하라는 이야기다. 확신을 가지고 이루기 위해 끝까지 해내는 것이 진정한 목표다. 목표는 그만큼 간절해야 한다. 그냥 해도 되는 목표가 아니라 진심으로 이루고 싶은 간절한 목표라면, 그 목표를 이루기 위해 끝까지 도전하는 것이 중요하다. 예를 들어 1만 팔로워가 목표라면 1만 팔로워를 달성할 때까지 콘텐츠를 꾸준히 올리면 된다. 1만 팔로워를 달성할 방법을 연구하고 분석하며 계속 시도하면 된다. 성공은 특별한 것이 아니다. 끝까지 해내는 것이 성공의 지름길이다.

세 번째, 목표는 내 능력과 노력을 통해 달성할 수 있어야 한다. 로또 1등이 목표인 사람이 있다. 이 목표는 내가 노력하면 언젠간 될 수 있는 일이 아니다. 아무리 열심히 해도 그 목표가 내 능력으로 이룰 수 없는 목표라면, 금방 좌절하고 포기하게 된다. 내가 노력해서 닿을 수 있는 목표를 잡아야 한다. 팔로워 수를 목표로 둔다면 신규 팔로워 유입에 유리한 콘텐츠를 자주 만들면 된다. 100만 조회 수가 목표라면 콘텐츠 퀄리티를 높이면서 사람들이 오래 머물 수 있는 콘텐츠를 자주 발행하면 된다. 나는 인스타 안에서 강의하는 것이 목표였기 때문에 강의 내용과 관련된 콘텐츠를 올리며 사람을 모았고, 1달 만에 무료강의를 런칭하고 이를 바탕으로 수익화까지 해낼 수 있었다. 내가 노력으로 이룰 수 있는 목표를 세워야 한다. 그래야 우리의 노력이 성과를 만들 수 있다.

네 번째, 목표 잡는 것이 어렵거나 내 미래를 그리는 것이 어렵다면 롤모델을 찾아보자. 어떤 사람처럼 살고 싶은가? 그 사람의 어떤 부분이 좋은가? 이렇게 롤모델을 찾아 그 사람이 어떻게 해서 그 자리까지 갔는지를 살펴보면 된다. 두루뭉술한 목표를 잡는 것보다 뚜렷한 롤모델이 있는 것이 오히려 더 쉬울 수 있다. 내 눈에 실체가 보이니까, 그 사람이 했으니까, 나 또한 그렇게 할 수 있는 방법을 찾을 수 있게 된다.

마지막으로 목표가 정말 내가 원하는 목표인지 점검해 보자. 그저 누군가 돈을 잘 벌길래, 남이 하는 게 좋아 보여서 나도 그것을 막연히 목표로 삼고 있는 건 아닐까? 여전히 남들 눈에 뭔가를 맞추고 있지는 않은가? 정말도 이 목표가 내가 이루기를 원하는 것인지 점검할 필요가 있다. 목표를 이룬 내 모습을 상상해 보자. 정말 행복한가?

리지팍의 어드바이스
그런데 만일 목표가 없다면?

"전 목표가 없는데…. 그럼 SNS를 못 하는 건가요?" 분명 이런 생각을 하는 사람도 있을 것이다. 내 대답은 이렇다. "아니요. 일단 시작해 보세요." 목표가 있어야 한다고 했는데 왜? 주변의 많은 인친을 살펴본 결과, 목표가 없이 시작하더라도 내가 정말 좋아하고 흥미 있는 주제로 지속성 있게 해나가다 보면 성과가 생기고, 처음에는 미처 찾지 못했던 새로운 목표가 생기기도 했다. SNS를 하는 과정에서 나를 알아가게 되고, 내가 진짜 원하는 것이 뭔지를 찾을 수 있다. 그러니 목표가 없더라도 일단 SNS를 시작해 보라고 말하고 싶다. 대신에 그 과정에서 끊임없이 자신의 목표를 찾아보길 바란다.

2. 주제 잡기

목표를 잡았다면 이제 SNS에서 어떤 주제로 이야기할지를 정해야 한다. 아무 얘기나 해서는 목표가 이뤄지지 않는다. 그 목표에 다가갈 수 있는 주제로 일관성 있게 콘텐츠를 만들어야 한다. 나는 '강연가'라는 목표를 위해 처음에는 내가 경험했던 독서를 주제로 이야기를 시작했고, 여기에 의류 사업 경험을 살려 1인 사업가에게 공감하고 용기를 북돋는 이야기로 발전시켜 나갔다. 그리고 지금은 이것에 SNS 마케팅을 연결하여 이야기를 하고 있다.

여러분도 앞에서 다룬 '꿈을 찾는 4가지 방법'을 통해서 잡은 목표에 도움이 되면서 내가 잘할 수 있는 주제를 하나씩 잡아서 이야기를 시작해 보자. 단, 주제를 선택할 때 반드시 고려해야 할 점이 세 가지 있다.

첫째, 주제가 나에게 의미가 있고 재미가 있어야 한다. 아무리 좋은 주제라 하더라도 내가 일관성 있게 지속해서 말할 수 있으려면 재미 있어야 한다. SNS를 시작했을 때 처음에는 대부분 나와 관심이 같은 분야의 사람들과 소통하기 때문에 온종일 그 사람들과 그 분야에 대해 재미있게 이야기할 수 있어야 한다. 그뿐 아니라 SNS를 처음 시작할 때는 대부분 부업 또는 남는 시간을 활용해서 하기 때문에 본업과 달리 스스로 에너지를 끌어내려면, 그 주제가 자신에게 재미있고 즐거워야 한다.

둘째, 콘텐츠를 지속해서 만들 수 있는 주제여야 한다. 즉, 지속성이 있는 주제여야 한다. SNS 퍼스널 브랜딩은 마라톤이자 장기전이라서 오랫동안 사람들과 소통하고 콘텐츠를 생산할 주제를 선택해야 한다.

셋째, 수요가 있는 주제인지를 생각해 봐야 한다. 우리가 콘텐츠에 시간을 쏟고 지식을 쌓는 만큼 돈도 되어야 한다. 내가 백날 콘텐츠를 만들어도, 아무도 관심이 없고 그에 대한 보상이 없다면 지속하기가 어렵다. 예를 들어, 내가 처음에 잡았던 주제는 책과 독서 모임이었다. 책과 독서 모임으로 인생을 바꾸기 시작한 만큼 많은 사람에게 알리고 싶었다. 그래서 독서 모임 운영법에 관한 강의를 만들었고, 누적 400명 가까운 사람에게 무료강의를 했다. 덕분에 교육청과 도서관에서 강의도 했다. 하지만 그뿐이었다. 더 많은 곳에서 내 강의를 찾지 않아서 이건 자아실현의 영역이라는 결론을 내리고 더 많은 사람이 찾는 주제로 바꿀 수밖에 없었다. 내 주제가 과연 얼마나 많은 사람의 관심을 끌 수 있을지, 얼마나 많은 사람을 도울 수 있을지는 무척 중요하다. SNS는 취미가 아니라 직업이자 비즈니스이기 때문이다.

04
계정을 탄탄하게 만드는 3요소

1. 전문성 – 사람들이 나를 팔로잉하게 하는 힘

인스타를 시작하고 7개월쯤 되었을 때, 극심한 정체기가 찾아왔다. 마흔 살이 되기 전에 뭔가 이루고 싶었던 내 마음을 무시하듯 인스타에서 내 콘텐츠 노출은 박살이 났고, 뭐가 잘못됐는지 알 수도 없었다. 꿈이 무너지는 듯 절망하던 이때 누군가 나에게 이렇게 말했다. "인스타가 뭐라고 그렇게까지 목을 매고 그래!"

아마 인스타에서 원하는 삶을 만들어 갈 수 있다는 것을 모르는 사람은 누구나 이렇게 생각할 것이다. 하지만 나는 인스타로 퍼스널 브랜딩을 하면서 내가 원하는 삶을 만들어 가고 있었기 때문에 인스타가 무너진다는 건 미래의 희망이 무너지는 것과 같았다. 이런 절박한 상황을 극복하기 위해 그동안 읽어보지 않았던 인스타와 관련된 책을 닥치는 대로 읽었다. 그 과정에서 《인스타그램 퍼스널브랜딩》(정진호, 애플씨드) 저자 앤디파파님을 우연히 만나 이야기를 나눌 수 있었다. 이때 앤디파파님은 이런 이야기를 해주었다. "전문성이 있어야 해요. 전문성이 없으면 계정이 아무리 커도 소용이 없어요."

전문성? 지금까지 한 번도 생각하지 못했던 이야기였다. 14년 동안 옷만 팔았던 자영업자인데 나에게 어떤 전문성이 있을까? 난 그냥 아직 이룬 것 없는 평범한 사람이라고만 생각하고 있었는데, 앤디파파님은 내 전문성을 '14년 차 의류 사업 대표'라는 키워드로 정리해 주었다. 이 말을 듣기 전까지 나는 내가 의류 사업을 오래 했던 것을 한 번도 전문성이라고 생각해 본 적이 없었다. 심지어 나는 직원도 없이 혼자서 일했기 때문에 그냥 1인 자영업자에 불과하다고 치부해 버렸다. 그런데 이게 나에게 전문성이라니?

앤디파파님의 얘기를 듣고 나서 내 계정에는 변화가 생겼다. 책과 자기계발 중심으로만 운영하던 계정을 1인 사업자라는 전문성을 토대로 '1인 사업자와 책' 그리고 '1인 사업자에 대한 동기부여'라는 전문성을 살려 운영하기 시작했다. 14년을 혼자 일하며 생각하고 경험한 것을 숏폼으로 만들어 공유하기 시작했다. 결과는 대성공이었다.

당시 1인 사업가라는 키워드가 핫해지면서 소위 디지털 노마드를 꿈꾸거나 혼자서 샵을 운영하는 분들이 내 얘기에 공감하기 시작했다. 14년 혼자 사업을 운영한 사람으로서 이야기할 수 있는 것들, 예를 들어 혼자서 사업을 한다는 것이 어떤 것인지, 혼자서 모든 업무를 하며 느낄 수 있는 고충이 무엇인지, 혼자 일하며 성공하고 싶은 사람이 읽으면 좋은 책은 무엇인지 등 내 경험과 전문성을 살린 콘텐츠를 만들었다. 그러자 사업, 창업, 마케팅과 관련하여 광고와 협업 제안이 들어오기 시작했다.

수익화는 우리가 계정을 운영하는 중요한 이유 중 하나다. 그런데 SNS에서 수익화를 이루는 가장 효과적인 전략은 자신의 몸값을 높이는 것인데, 이는 바로 전문성에서 나온다. 그냥 책 계정보다 전문성이 있는 계정에 책 광고가 들어갈 때 광고비는 더 비싸진다. 그냥 자기계발로 운동을 즐기는 계정보다 운동을 전문으로 하는 계정에 광고비가 더 비싸진다. 이건 당연한 현상이다. 이미 그 분야에서 전문성을 인정받았기 때문에 그 사람이 소개하면 사람들이 더 신뢰하게 되고 구매할 확률도 높아지기 때문이다. 이것이 바로 SNS에서 전문성이 중요한 이유다.

내 계정에 조회 수가 이른바 떡상을 했는데도 팔로워가 잘 들어오지 않는다면, 그건 전문성이 느껴지지 않아서 일 확률이 높다. 내 전문성을 사람들이 알 수 있게 프로필 자기소개에 명확하게 드러내야 한다. 그리고 자신의 전문 분야 콘텐츠를 많이 쌓아둬야 한다. 그래야 나를 처음 만난 사람도 내 전문성을 믿고 콘텐츠를 계속 보기 위해 팔로워 버튼을 누를 것이다.

전문성은 이처럼 사람들에게 신뢰를 준다. 전문성은 사람들이 나를 믿고 내 이야기를 듣게 하기 위한 가장 강력한 수단이다. 오래 해왔던 것, 짧아도 성과를 본 것, 학력 등 인정받을 수 있는 이력이 있다면 그건 다 전문성으로 보여줄 수 있다.

그렇다면 내 전문성은 어떻게 찾아야 할까? 보통 사람들은 자신의 경험을 별것 아닌 것으로 생각한다. 나 또한 그랬다. 14년 옷 장사한 게 뭐가 대수라고 치부해 버렸다. 하지만 다른 사람의 관점에서는 그저 그런 것이 아니었다. 14년을 버텼다는 것만으로도 대단하다고 했다. 한창 쇼핑몰이 붐일 때는 정말 한 달에 한두 명씩 쇼핑몰 오픈하는 방법을 알려달라고 물어보기도 했다. 바로 이거다! 누군가가 나에게 뭔가를 자주 물어본다면, 그것이 바로 나도 모르던 나의 전문성이 된다. 엄청 거창한 게 아니어도 된다. 정리 정돈을 잘하는 것, 청소를 잘하는 것, 다이어리를 잘 꾸미는 것, 취미생활 등 모든 것이 전문성이 될 수 있다.

최근 AI가 발달하면서 전문성에 대한 중요성은 더욱 커졌다. 이제 어설프게 아는 사람보다 AI가 더 똑똑해졌다. 사람과 대면하지 않아도 AI에 질문하고 답변을 받으며 정보를 습득하는 시대가 되었다. 이런 상황에서 AI에 대체되지 않으려면 자신의 분야에서 전문성을 인정받아야 한다. AI보다 더 신뢰하는 사람이 되어야 한다. 앞으로 펼쳐질 세상에서는 더욱더 전문성을 키우고 자신의 분야에서 인정받으려 노력해야만 한다.

리지팍의 어드바이스
지금 당장 전문성이 없다면?

"저는 아무리 생각해도 전문성이 없는데 그럼 SNS를 시작하면 안 될까요?" 분명 이렇게 생각하는 사람이 있을 것이다. 내 대답은 "아니요."다. 지금 당장 전문성이 없다면, 앞으로 계속 배우고 싶은 것을 지금부터 키워가면 된다. 배우는 과정, 그 안에서 작은 성과를 기록하다 보면 기록과 시간이 쌓이면서 전문가로 성장할 수 있다. 대다수 인플루언서도 평범한 사람들이었다. 평범하게 시작해서 특별하게 자신의 전문성을 키워나갔다. 우리도 그렇게 될 수 있다. 누구나 SNS를 통해서 특별해지는 기회를 잡을 수 있다. 특별해지기 위해 내가 잘 할 수 있고, 내가 좋아하고, 세상에 필요하고, 돈이 될 나만의 전문성을 키워나가면서 이 과정을 공유해보자.

2. 꾸준함 – 평범함을 특별함으로 바꾸는 힘

많은 사람이 어느 광고의 멘트처럼 1달 만에 1만 팔로워, 100만 조회 수, 월 천만 원의 수입을 생각하고 SNS를 시작한다. 하지만 막상 경험해 보면 현실은 전혀 그렇지 않다는 것을 금방 알게 된다. 팔로워 1,000명도 겨우 만들고, 조회 수 1,000도 겨우 넘기는 사람이 훨씬 더 많다. 돈은 당연히 벌기 어렵고, 매일매일 돈도 안 되는데 SNS를 하는 것이 시간 낭비처럼 느껴진다. '언젠간 터지겠지.' 하며 마치 로또를 기다리듯 떡상을 기다리기도 한다. 그러다가 계속 좌절하게 되고, 결국 '아무나 안 되는 일'이라고 결론 짓고 대부분 SNS를 떠나고 만다. 그리고 몇몇 사람만이 좋은 콘텐츠와 운을 만나 높은 조회 수로 처음부터 화제가 되고 빠르게 팔로워를 모은다. 또, 몇몇 사람만이 힘든 시간을 버텨내 결국에는 원하는 성과와 수익화를 이뤄내기도 한다.

나는 SNS를 지속하면서 이런 사람을 정말 많이 만났다. 그러면서 내린 결론은 결국 다 자기만의 때가 있다는 것이다. 그때가 일찍 오는 사람이 있고 늦게 오는 사람이 있다는 것. 중요한 것은 그때가 올 때까지 콘텐츠를 꾸준히 만들어야 한다는 사실이다. 몇 달 전만 해도 나보다 팔로워도 적고 정체기로 고민하던 사람이 한 달 만에 몇만 팔로워가 증가하는 예를 보기도 했다. 코앞에 자기의 때가 닥쳤는데, 만약 그전에 그만뒀다면 어떻게 됐을까? 생각만 해도 끔찍하지 않은가?

유명 개그맨 김경욱의 '다나카' 캐릭터가 인기를 끌었던 적이 있는

데, 이 캐릭터가 처음부터 유명해진 것이 아니었다. 알고 보니 이 캐릭터를 이미 4년 전부터 하고 있었다. 다나카도 자신의 때가 있었다. 그때가 올 때까지 계속 사람들에게 다가갔다. 이미 개그맨으로 알려져 있던 사람도 이렇게 시간이 걸리는데, 평범한 우리에게는 어쩌면 더 긴 시간이 필요할지도 모른다. 그러니 될 때까지 해내는 것이 중요하다. 이런 점에서 찰스 다윈의 '강한 자가 살아남는 것이 아니라, 살아남은 자가 강한 것이다.'라는 말을 마음에 새길 필요가 있다.

꾸준함을 보여준다는 것은 신뢰와 직결된다. 일주일에 콘텐츠를 하나 올리는 사람과 1년째 매일 올리는 사람이 있다면, 어떤 사람을 더 믿고 따를까? 이건 물어보나 마나 한 질문인 것 같다. 나는 후자가 되기 위해 지금도 주 3회 이상 콘텐츠를 올린다. 일주일 이상 쉬어본 적도 없다. 나는 인스타를 시작할 때, 새로운 사업을 시작한다는 생각으로 접근했다. 콘텐츠를 올리는 일이 내 일이고, 내 사업이었다.

SNS를 단순히 부업으로 생각하지 않고 1인 사업이라고 생각해 보자. 새로운 사업을 시작했다고 생각해 보자. 일주일에 가게 문을 몇 번이나 열겠는가? 당연히 매일 열어야 할 것이다. 사업 초기에는 쉬는 날도 없다. 사업을 일으키기 위해 열정을 쏟아부어야 한다. 가게 문을 매일 열고, 내 상품을 적극적으로 홍보해야 한다. SNS도 그렇게 접근해야 한다. 상품은 나 자신이고, 콘텐츠는 영업사원이다. 콘텐츠를 매일 꾸준히 만들어 나를 알리는 것은 너무나도 당연하다. 심지어 콘텐츠를 만드는 데는 시간만 있으면 된다. 돈도 필요 없다. 안 할 이유가 없다.

매일매일 성실하게 가게 문을 열고 사람들과 소통하게 되면, 사람들은 내 가게에 관심이 생기고, 나 또는 내가 만드는 상품에 믿음이 생긴다. 그래서 꾸준함은 남들이 함부로 따라 하기 힘들기 때문에 최고의 홍보 수단이자 최고의 차별화 요소가 되는 것이다. 꾸준하게 사람들 앞에 모습을 비춰보자. 앞에서 사업에 비유했지만 결국 SNS는 사람과 사람의 만남임을 기억하자. 한번 본 사람보다는 당연히 여러 번 본 사람에게 정이 가고 마음이 가지 않겠는가? 한 번 본 사람은 모르는 사람이다. 두 번 본 사람은 어디서 본 사람이 된다. 세 번째 본 사람은 아는 사람이 된다.

꾸준함은 SNS에서 아무리 강조해도 지나치지 않는다. 아마 이 책에서 잊을만하면 또다시 꾸준함을 언급할 것이다. 반복해서 언급해도 지나치지 않는 것이 바로 꾸준함이다. 플랫폼 입장에서도 꾸준히 콘텐츠를 발행하는 사람을 더 신뢰하고 밀어줄 확률이 높다. 여러모로 꾸준함은 평범한 사람을 특별하게 만들어 주는 가장 강력한 무기다.

3. 소통 – 팔로워를 늘리고 관계를 강화하는 힘

"인스타에서 소통을 꼭 해야 할까요? 시간이 없어요." SNS 콘텐츠 클래스를 운영할 때 이렇게 말하는 사람을 정말 많이 봤다. 물론 소통

없이 계정을 키워낸 사람도 많이 있기도 해서, 소통 없이 계정을 잘 키워낼 자신이 있다면 굳이 필요하지 않을 수도 있다. 하지만 소통하면 더 단단한 계정이 될 수 있다. 소통을 통해 콘텐츠 도달도 높일 수 있고, 찐팬도 만들 수 있기 때문이다.

나는 인스타를 시작한 순간부터 하루에 1시간 이상 소통하면서 시간을 보냈다. 소통이라고 말하니까 거창해 보이는데, 쉽게 말하면 팔로워와 댓글로 대화하는 것이다. 특히 콘텐츠를 새로 올리고 난 다음 바로 기존 팔로워와 내가 이전에 올린 게시물에 댓글을 달아준 사람을 무조건 답방하곤 했다. 이러한 방식의 소통은 지금도 지속하고 있다. 그래서 내 콘텐츠에는 댓글이 늘 20~30개씩 달리면서 사람이 북적거린다.

인스타는 소통 기반의 플랫폼으로 나는 늘 인스타를 인간관계라고 표현한다. 그래서 '인친'이라는 표현도 생겼다. 요즘엔 스레드 친구를 줄인 말로 '스친'이라는 표현도 있다. 둘 다 소통을 기반으로 하는 플랫폼이라서 생긴 말이다. 유튜브에서는 '유친'이라는 말은 들어본 적이 없을 것이다. 구독 기반의 플랫폼이기 때문이다. 블로그에도 '이웃'이라는 개념이 있지만, 인스타만큼 끈끈하지는 않다. 인스타는 다른 여느 플랫폼보다도 더 강력한 연결 플랫폼이다. 그래서 인스타에서는 소통이 본질이다.

어렵게 생각하지 말고 나만의 소통 기준을 세워보자. 나에게 댓글을 달아 준 사람에게 꼭 답방 가기, 계정 초기에는 하루에 30분 새로운 친구들에게 먼저 말 걸어보기, 대댓글 꼭 남기기 등 나만의 소통 기준을 세워놓고 그대로 실행해 보자. 내가 아는 10만 인플루언서도 자신과 같은 분야의 사람들과 댓글로 소통한다. 큰 계정도 이렇게 열심히 소통하는데, 이제 시작하는 내가 소통하지 않는 건 말이 안 되지 않겠는가?

인스타에서 소통을 꼭 해야 하는 이유는 인스타가 소통 기반 플랫폼이기도 하지만, 특히 계정 초기에는 소통을 통해 수익화가 이루어지기 때문이다. 초기에는 나를 아는 사람이 많지 않다. SNS는 모든 것이 수치화가 되어 있어서 처음 본 사람은 팔로워 수를 보고 나를 평가하기 마련이다. 팔로워 수가 많지 않을 때는 내가 전문가라 하더라도 쉽게 나에게 지갑을 열지 않는다. 아직 검증되지 않았기 때문이다. 이 단계에서 고객이 되어 주는 건 대부분 나와 소통했던 주변 인친이다. 그동안 소통을 통해서 이미 검증이 되었고, 믿고 구매해도 된다는 신뢰가 생겼기 때문이다. 그렇게 소통으로 관계를 맺은 사람이 소비자가 되고, 나아가 제품이나 서비스에 만족을 느끼면 찐팬이 되기도 한다. 또, 이들을 통해 좋은 후기를 모으면, 내 제품이나 서비스를 더 많은 사람에게 알리기 수월해진다. 소통으로 맺어진 친구가 소비자가 되고 찐팬이 된다. 소통이 매우 중요한 홍보 수단이 되는 것이다.

이제 막 인스타를 시작한 나를 콘텐츠로만 보여주는 것으로는 부족하다. 나를 경험하게 해야 한다. 내가 운영하는 프로그램이나 제품에 들어와서 나를 경험한다면 더없이 좋겠지만, 아직 신뢰가 쌓이지 않은 상황에서는 돈과 시간을 쓰는 것이 쉽지 않다. 이때 가장 쉽게 나를 경험하게 하는 것이 바로 댓글이다. 댓글을 통해 콘텐츠에서는 느끼지 못한 나라는 사람의 매력을 보여줄 수 있다. 서로 공감대를 찾고 가까워지며 나를 응원하는 사람을 만들 수도 있다. 그렇게 나를 응원해 주고, 믿어주는 사람이 많아질수록 나는 더 빠르게 성공을 향해 나아갈 수 있다.

댓글을 달 때 주의할 점이 있다. 아무 감정 없는 짧은 댓글이나 콘텐츠 내용도 보지 않은 영혼 없는 댓글, 복붙한 댓글은 오히려 마이너스가 된다. 진정한 댓글 소통은 상대방의 콘텐츠에 공감해 주거나, 내 의견을 댓글로 달며 서로를 알아가고 응원해 주는 것이다. 지금부터라도 콘텐츠로 말을 걸고, 대화에 응해준 사람과 대화를 이어 나가보자.

05

계정의 차별화 포인트
- 남과 다른 나다움으로 경쟁하기

주제를 잡았다면 이를 차별화 해야 한다. 남들과 같은 이야기를 하면서 성공할 수 있을까? 남다름이 있어야 한다. 남다름이라고 해서 남과의 비교에서 차별화를 찾으라는 것이 아니다. 나다움을 찾아야 한다. 내가 가진 것 중에서 가장 나답고 가장 솔직한 것을 토대로 차별화 포인트를 찾아내는 것이다. 그러면 지금부터 차별화 포인트를 찾는 방법을 알아보자.

1. 뾰족한 타깃 잡기

타깃은 내 콘텐츠에 반응하고 공감하며 나와 함께 나를 브랜딩하는 사람들이자 나의 고객이 될 사람들이다. 따라서 내 주제가 누구에게 필요한지, 어떤 사람에게 도움이 되는지를 생각해 봐야 한다. 내 타깃을 구체적으로 그리고 뾰족하게 잡을수록 내 콘텐츠에 차별점이 생긴다.

요즘 살림에 관한 정보성 콘텐츠를 포스팅하는 계정이 너무 많아서 그냥 살림에 관해 이야기하면, 별 특색 없는 살림 계정이 되고 만다. 따라서 타깃을 뾰족하게 잡아야 한다. 예를 들어 원룸에 자취하는 사람 (또는 남성, 여성)을 위한 살림과 아이를 키우는 워킹맘을 위한 살림은 다를 수밖에 없다. 심지어 아이를 키우는 전업맘과 워킹맘의 살림도 다를 수밖에 없다. 전업맘은 살림에서 좀 더 꼼꼼하고 깔끔함을 추구하지만, 워킹맘은 효율성과 시간 절약이 우선일 수 있다. 카페를 운영하고 있다면 카페를 운영하는 사장님이 타깃이 될 수도 있고, 카페에 오는 손님이 타깃이 될 수도 있다. 이렇게 타깃에 따라 같은 주제라 하더라도 콘텐츠의 결이 달라진다. 타깃을 뾰족하게 잡을수록 콘텐츠는 더 디테일해지고 전문적으로 된다. 자신의 계정을 키우기 위해 노력하지만, 계정 성장이 더디다면 이 부분을 점검해 봐야 한다. 내가 읽은 모든 브랜딩, 마케팅 책에서 빠짐없이 나오는 이야기가 있다. '모두에게 외치면, 아무도 듣지 않는다.'

나는 누구에게 외쳐야 할까? 어떤 사람의 마음을 움직이는 이야기를 해야 할까? 가장 가깝게 공감할 수 있는 사람은 지금 나와 같은 상황이거나, 과거에 내가 겪은 상황에 처해있는 사람일 것이다. 억지로 타깃을 만들어 내기보다 내가 가장 공감할 수 있는 사람이 누군지를 생각해 보자. 사장님은 손님보다는 같은 처지의 사장님들과 공감을 더 많이 할 것이다. 아들을 키운다면 딸이 있는 부모보다 아들 부모와 더 공감할 것이다. 디테일한 타깃은 결국 나를 잘 알았을 때 잡을 수 있다. 나는 지금 어떤 생각을 하는 사람인가? 또는 어떤 상황을 이겨 낸 사람인가?

2. 강점과 믹스하기

《Mix (믹스)》(안성은, 더퀘스트)라는 마케팅 관련 책이 있다. 제목처럼 다양한 아이디어를 섞어서 재미있게 만든 아이디어에 관한 책이다. 이 책을 보면 정말 생각지도 못한 아이디어를 볼 수가 있다. 전혀 어울리지 않을 것만 같았던 두 가지가 섞여 새로운 것을 만들어 낸다. 내 콘텐츠도 그래야 한다. 섞어야 한다. 그렇다고 아무거나 섞으라는 것이 아니다. 나의 매력이 느껴지는 것과 섞어야 한다. 특히 내가 잘하는 것이면 더욱 좋다. 나의 주제와 나의 강점이 만났을 때, 매력적인 계정이 된다.

나는 책스타그램으로 SNS 활동을 처음 시작했다. 내가 읽고 좋았던 책을 소개하고, 독서 모임의 중요성에 대해 이야기했다. 책스타그램을 운영하는 사람들은 대부분 책을 사진으로 찍어 올리지만, 자신을 드러내는 걸 좋아하지 않았다. 그런데 어느 순간, 나는 나를 좀 더 드러내는 방식으로 차별화해 보자고 생각했다. 14년간 의류 사업을 해본 경험이 있고 여전히 옷을 좋아하는 나로서, 외향적이고 솔직히 말하면 살짝 날라리 같은 내 모습이 차별화의 포인트가 될 수 있을 것 같았다. 그래서 책을 읽는 내 모습을 보여주면서 책과 자기계발에 관해 이야기하기 시작했다. 예상은 적중했다. 사람들은 책보다 나를 먼저 기억하기 시작했고, 인스타에서 알게 된 사람들과 실제로 만났을 때는 "연예인 보는 것 같아요."라고 말하기도 했다. 책이 아닌 나를 기억했고 내 옷에 더 관심을 보이는 사람들도 있었다. 그러면서 점점 나를 만나고 싶어 하는 사람들이 생기기 시작했다.

　이렇게 얼굴을 공개하는 것은 사실상 가장 큰 차별화 요소가 된다. 하지만 이것이 힘들다면 내가 가진 것 중에 강력한 한 가지를 생각해 보자. 키우는 강아지나 고양이가 있다면 내 주제와 동물을 엮어보자. 내가 말을 잘하는 사람이라면 내 주제를 말로 전달해 보자. 춤을 잘 춘다면 챌린지를 하며 주제와 관련된 이야기를 전해보자. 그림을 잘 그린다면 내 주제를 툰이나 애니메이션으로 표현해 보자. 우리는 분명 내세울 만한 멋진 매력이 있는 사람들이다. 내 안의 숨겨진 매력을 찾아 믹스해 보자. 그렇게 한다면 분명 새롭고 독창적인 차별화 포인트가 될 것이다.

3. 경험 공유하기

　서른아홉, 인스타를 처음 시작했을 때 솔직히 자신이 없었다. 그 전까지 나에게 인스타는 단순히 일상을 기록하고 행복한 순간만을 올리는 여느 사람들의 계정과 다를 바 없었기 때문이다. 그러다 퍼스널 브랜딩이라는 개념을 처음 알게 되고 인스타 세계에 발을 들여놓았을 때, 당연히 주눅이 들 수밖에 없었다. 퍼스널 브랜딩을 일찍부터 알고 시작한 열정적이고 패기 넘치는 20대와 30대 초반의 멋진 사람들이 넘쳐나는 이곳에서 나는 도대체 무엇을 할 수 있을까? 앞이 캄캄했다. 그들처럼 책 사진과 열심히 사는 모습을 올리기도 했고, 카드 뉴스도 만들어 보며 내가 이곳에서 어떻게 살아남을 수 있을지 계속 고민했다. 그들에게 없는, 나에게만 있는 것은 무엇일까? 나만이 줄 수 있는 건 무엇일까? 그렇게 해서 찾은 것이 바로 '경험'이었다.

　열정과 패기로 가득한 20대와 30대 초반은 앞으로 많은 것을 겪어 나갈 사람들이었다. 하지만 나는 이미 2030 시절을 사업과 도전으로 경험한 사람이었다. 그들에겐 없는 경험이 나에게는 있었다. 그래서 하나하나의 콘텐츠에 내 경험을 담기 시작했다. 읽었던 책을 소개할 때도 그 책과 관련된 내 경험을 이야기했고, 사업을 하며 진짜 겪고 느꼈던 경험을 공유하기 시작했다. 그러자 사람들은 나를 그 경험으로 기억하며 따르기 시작했다. 진짜 경험을 한 사람이었으니까. 나이가 많다면 그것은 정말 기쁜 일이다. 경험이 많다는 뜻이고, 사람들에게 전할 이야기가 많다는 뜻이다. 사람들은 당신의 이야기로 울고, 웃고, 배우며 기억할 것이다. '아, 이런 스토리를 가진 사람이구나!'라고 하면서.

내세울 만한 경험이 없다면, 지금부터 새로운 경험을 만들어 가는 과정을 공유하면 된다. 새롭게 시도하는 일에서 생긴 에피소드, 과정, 생각을 공유하는 것만으로도 차별화가 가능하다. 대부분 사람들은 새로운 일에 쉽게 도전하지 못한다. "실패하면 어쩌지?" 하는 두려움 때문이다. 하지만 실패조차도 나를 알리는 훌륭한 콘텐츠가 될 수 있다. 실패의 경험을 통해 의미 있는 메시지를 전달하는 사람은 드물기 때문이다. 그러니 새로운 도전을 시작하고, 경험을 만들어 가자. 모든 과정을 공유하고, 이를 콘텐츠화해 보자. 분명 사람들의 관심을 끌고 시선을 사로잡을 것이다.

《창작자를 위한 픽사 스토리텔링》(딘 모브쇼비츠, 동녘)에는 이런 말이 나온다. 사람들이 정보를 그대로 암기하면 10분 뒤 단 5%만 기억하지만, 스토리로 접하면 65%를 기억한다. 이 말이 사실이라면, 단순한 정보만 담긴 콘텐츠는 10분 뒤 5%만 기억에 남고, 당신을 기억할 사람은 그보다도 적을 가능성이 크다. 따라서 더 많은 사람에게 나를 기억시키고 싶다면, 스토리가 필요하다. 그리고 당신의 경험이야말로 최고의 차별화된 스토리가 될 수 있다.

사업을 한다면, 단순히 사업을 시작한 계기뿐 아니라 창업 과정 자체가 차별화 요소가 된다. 특히 창업 과정은 차별화된 콘텐츠를 만들 수 있는 가장 좋은 소재다. 사람들은 그 과정 속에서 창업가의 마인드와 진정성을 느낀다. 예를 들어 창업 스토리를 콘텐츠로 접한 카페와 그렇지 않은 카페가 있다면, 어디를 가고 싶겠는가? 이보다 더 강력한 차별화 전략이 있을까?

4. 시각적으로 차별화하기

콘텐츠는 감각을 자극해야 한다. 특히 시각과 청각을 어떻게 활용할지가 중요하다. 시각적으로 무엇을 보여줄지 결정해야 하고, 청각적으로도 자연스럽게 어우러질 때 비로소 완성도 높은 콘텐츠가 된다. 시각적 차별화 요소에는 퍼스널 컬러와 폰트뿐만 아니라 공간과 의상도 포함된다. 퍼스널 컬러, 폰트, 공간, 의상 등을 꾸준히 잘 활용하면, 사람들에게 나를 더욱 빠르고 쉽게 기억시킬 수 있다.

퍼스널 컬러

'네이버' 하면 초록색, '맥도날드' 하면 빨간색과 노란색, '유튜브' 하면 빨간색 로고가 떠오른다. 이처럼 브랜드마다 고유의 퍼스널 컬러가 있다. "퍼스널 컬러는 대기업이 활용하는 것이지, 개인도 꼭 필요할까요?" 이렇게 생각할 수도 있다. 하지만 나는 개인 브랜드를 운영하는 사람들에게도 퍼스널 컬러를 정해 사용하는 것을 추천한다.

예를 들어 나는 저가 커피 브랜드 중 '더벤티'를 좋아하는데, 더벤티의 퍼스널 컬러는 보라색이다. 그래서 비슷한 보라색을 보면 자연스럽게 더벤티가 떠오르고, 커피가 마시고 싶어진다. 이처럼 특정 컬러를 반복적으로 사용하면 사람들은 그 색만 봐도 나를 떠올리게 된다.

나 역시 계정 초기부터 다홍빛이 감도는 빨간색을 퍼스널 컬러로 사용하고 있다. 나는 콘텐츠를 통해 에너지를 전하고 싶기에, 내 퍼스널 컬러가 마음에 든다. 그리고 시간이 지나면서 이 컬러를 보고 나를 떠올리는 사람들이 많아졌다. 그들은 내게 이렇게 말한다. "이 컬러랑 리지팍님이 너무 잘 어울려요!"

퍼스널 컬러는 나를 기억하게 만드는 중요한 차별화 포인트이므로 나와 어울리는 색을 선택하는 것이 중요하다. 색상마다 특정 의미가 있기 때문에, 내가 추구하는 가치와 컬러가 조화를 이루는지도 고려해야 한다. 예를 들어 빨간색은 건강한 에너지, 용기, 따뜻함, 열정을 의미한다. 컬러가 가지는 심리적 효과에 대해 더 알고 싶다면 인터넷에서 관련 자료를 참고해 보면 좋다.

폰트

폰트 또한 브랜딩 요소가 될 수 있다. 우리가 특정 폰트를 보면 특정 브랜드가 떠오르는 것처럼, 폰트를 일관되게 사용하면 브랜드 아이덴티티를 확립하는 데 도움이 된다. 다만, 폰트를 사용할 때는 저작권 문제를 꼭 확인해야 한다. 특히 콘텐츠로 수익을 창출할 계획이 있다면 더욱 신중해야 한다.

공간과 의상

공간과 의상도 브랜드를 더욱 뚜렷하게 각인시키는 데 도움이 된다. 예를 들어 늘 같은 공간에서 촬영하는 크리에이터를 떠올려 보자. 시간이 지나면 그 공간만 봐도 그 크리에이터가 연상된다. 이렇게 콘텐츠의 형식과 분야에 따라 촬영 공간을 고정하는 것도 좋은 브랜딩 전략이 될 수 있다. 의상도 마찬가지다. 특정한 옷을 유니폼처럼 지속적으로 입고 등장하면, 그 의상 자체가 브랜드의 일부가 될 수도 있다. 하지만 공간이나 의상은 브랜딩의 필수 요소가 가 아니므로, 자신의 콘텐츠 스타일에 맞춰 선택적으로 활용하는 것이 좋다.

더 알아두기
인스타? 블로그? 유튜브? 틱톡?

대표적인 SNS에는 인스타, 블로그, 유튜브, 틱톡이 있다. 이 4가지를 모두 다 하면 좋겠지만, 각각의 특성이 있으므로 나에게 잘 맞는 하나에 집중하며 확장해 나가는 전략이 효과적이다.

인스타

인스타는 주로 사진과 영상을 기반으로 하면서 글로 추가 설명을 할 수 있는 플랫폼이다. 현재는 숏폼인 릴스가 생긴 후 영상 콘텐츠로 집중되고 있다.

나는 개인을 알리기에 가장 쉽고 빠른 플랫폼이 인스타라고 생각한다. 인스타는 소통을 기반으로 하는 플랫폼이다. 같은 분야의 사람들과 서로 친구가 되어 교류할 수 있고, 소통을 통해 자연스럽게 팬을 모을 수도 있다. 특히 초반에는 비슷한 관심사를 가진 사람들과 함께 성장하는 분위기가 형성되기 때문에 다른 플랫폼보다 빠르게 계정을 키울 수 있다. 릴스가 등장하면서 이 성장 속도는 더욱 빨라졌다. 한 마디로 인스타는 평범한 사람들에게도 더 많은 기회를 제공하는 플랫폼이라고 할 수 있다.

블로그

블로그는 글 기반 플랫폼이므로, 글을 잘 쓰는 사람에게 유리하다. 영상을 촬영하거나 직접 얼굴을 드러내는 것이 부담스럽다면, 블로그가 좋은 대안이 될 수 있다. 비록 블로그가 글 중심이지만, 가독성을 높이기 위해서는 사진을 충분히 활용하는 것이 중요하다. 내용과 어울리는 사진이 많을수록 글의 전달력이 좋아지고, 독자의 관심을 끌기도 쉽다.

한국에서는 네이버 사용자가 압도적으로 많기 때문에, 블로그는 사람을 유입시키기에는 유리하다. 하지만 검색 기반 플랫폼이라 브랜딩이 쉽지는 않다.

블로그 이용자는 대부분 특정 정보를 검색해 원하는 내용을 얻은 뒤 바로 떠나기 때문에, 내 글을 꾸준히 읽어줄 사람을 모으려면 지속적인 노력이 필요하다. 하지만 블로그가 제대로 자리 잡으면 그만큼 큰 혜택도 따라온다. 아마 '블로그로 월 천만 원을 번다'는 이야기를 한 번쯤 들어봤을 것이다. 이는 과장이 아니다. 실제로 블로그를 활용해 높은 수익을 올리는 사람도 많다.

유튜브

유튜브는 100% 영상 기반 플랫폼이다. 초반에는 롱폼 콘텐츠를 중심으로 활동하는 유튜버가 많았지만, 최근에는 쇼츠 조회 수에 따른 수익화 기회가 생기면서 쇼츠를 통해 인플루언서가 되는 유튜버도 늘어나고 있다. 롱폼은 검색 기반이라 내 메인 화면에 뜨는 영상도 대부분 내가 자주 시청하는 관심사(알고리즘)에 따라 추천된다. 물론 가끔은 운 좋게 알고리즘 바깥의 콘텐츠가 노출되기도 한다. 반면, 쇼츠는 랜덤성이 강하다. 기본적으로 개인 맞춤형 알고리즘이 적용되지만, 전혀 관심 없는 콘텐츠도 섞여 노출되기 때문에 사람들은 더 흥미롭게 쇼츠를 소비한다.

나는 개인적으로 유튜브에서 성공하는 것이 퍼스널 브랜딩에 가장 유리하다고 생각한다. 하지만 유튜브는 일방적인 구독 시스템이기 때문에 구독자를 모으기가 쉽지 않다. 결국 유튜브에서 성공하려면 퀄리티 높은 콘텐츠 제작이 필수적이다. 예를 들어 인스타 릴스에서 잘 먹히는 5초짜리 글씨만 있는 콘텐츠가 유튜브 쇼츠에서는 반응이 미미할 수도 있다. 유튜브는 영상 플랫폼이기 때문에 시각적으로 완성도 높은 콘텐츠를 제작하는 크리에이터가 많고, 그들과 경쟁해야 하기 때문이다.

유튜브에서 대박 난 콘텐츠는 인스타, 클립 등 다른 플랫폼에서도 성공하는 예가 많다. 그만큼 유튜브 콘텐츠의 퀄리티가 높기 때문이라고 생각한다. 영상 제작이 재미있고, 기획력에 자신이 있다면 반드시 유튜브에 도전해 보길 권한다.

틱톡

숏폼의 원조는 틱톡이다. 지금도 한국에서 가장 많은 팔로워를 보유한 크리에이터는 틱톡에서 활동하고 있다. 그만큼 이용자가 많고, 영향력이 큰 플랫폼이다.

틱톡은 콘텐츠가 랜덤으로 노출되기 때문에, 개인의 관심사와 관계없이 다양한 숏폼을 접할 수 있다. 아마도 이러한 무작위 추천 시스템이 사람들의 도파민을 더욱 자극하는 이유일 것이다. 만약 끼가 많고 개성이 강한 성향이라면, 틱톡이 가장 잘 맞는 플랫폼이 될 수 있다.

하나의 숏폼을 제작해 4개의 플랫폼에 모두 업로드할 수 있다. 더 많은 플랫폼에서 나를 알릴수록 유리하지만, 한꺼번에 모든 플랫폼을 운영하려다 보면 어느 곳에서도 제대로 자리 잡지 못할 수 있다. 앞에서 언급했듯이, 내 분야와 가장 잘 맞는 플랫폼을 메인으로 정하는 것이 중요하다. 이를 중심으로 집중하면서 나머지 플랫폼은 서브 채널로 활용하는 전략을 추천한다.

또한, 개인의 성향에 맞는 플랫폼을 선택하는 것도 중요하다. 나는 처음 블로그로 시작해 4개월 동안 하루 1개 포스팅과 하루 2시간 소통을 꾸준히 실천했다. 하지만 내가 원하는 강의를 하기 위해서는 인스타가 더 적합하고 유리하다는 것을 깨닫고 인스타로 전환했다. 개인적으로도 인스타 운영이 훨씬 재미있었다. 그렇다고 블로그를 완전히 포기한 것은 아니다. 블로그는 검색 기반 플랫폼이기 때문에 강의 섭외를 위한 검색 노출용으로 운영하고 있다. 유튜브 역시 단순한 구독자 확보보다는, 내가 원하는 '동기부여 강의' 영상을 올리면서 나의 능력을 보여주는 창구로 활용하고 있다.

이처럼 각 플랫폼의 특성을 이해하고 전략적으로 활용하는 것이 중요하다. 단순히 조회 수를 올리는 것이 아니라, 한 명이 보더라도 내 콘텐츠가 필요한 사람에게 닿는 것이 핵심이다.

인스타	블로그	유튜브	틱톡
사진, 영상 + 글	글 + 사진	영상	영상
관계 기반	검색 기반	검색 기반	랜덤 기반
구독 개념	일회성	구독 개념	구독 개념

[표 5] 인스타, 블로그, 유튜브, 틱톡 특성 비교

2장

끌리는 숏폼 기획 5단계

바야흐로 숏폼의 시대다. 숏폼은 단순한 유행이 아니다. 유튜브 롱폼 시장이 2005년 시작된 이후 20년이 지난 지금도 새로운 스타들이 계속 탄생하듯, 숏폼 시장도 앞으로 더욱 성장할 것이고, 더 많은 사람이 찾게 될 것이다.

숏폼의 시작은 2018년 틱톡의 부상과 함께였다. 10대와 20대를 중심으로 폭발적인 인기를 끌었고, 이에 대응하기 위해 유튜브는 2021년 '쇼츠'를, 인스타는 같은 해 '릴스'를 출시했다. 그리고 최근 네이버도 숏폼 시장에 합류했다.

네이버는 원래 블로그와 사진 중심의 플랫폼이 강력했지만, 사람들의 관심이 점점 짧고 강렬한 콘텐츠로 이동하면서 '클립'이라는 숏폼 서비스를 선보였다. 네이버는 클립 크리에이터를 적극 모집하며, 콘텐츠 10개를 업로드하면 네이버페이 10만 원을 지급하는 등 공격적인 마케팅을 펼쳤다. 나 또한 클립 크리에이터 2기로 활동하며 이 혜택을 직접 경험하기도 했다.

네이버 클립이 특히 주목받는 이유는 블로그, 스마트스토어, 스마트 플레이스와의 연동 덕분이다. 유튜브나 인스타도 쇼핑과 연결할 수 있지만, 네이버는 차원이 다르다. 한국에서 네이버 사용자는 압도적으로 많으며, 블로그와 스마트스토어, 스마트 플레이스와의 연결성 덕분에 숏폼을 활용한 마케팅이 훨씬 강력해질 가능성이 크다. 즉, 이제 브랜딩과 마케팅을 위해서라도, 더 효과적으로 판매하고 홍보하기 위해서라도 숏폼을 반드시 해야 하는 시대가 온 것이다.

숏폼은 왜 이렇게 대세가 되었을까? 숏폼은 원래 틱톡에서 시작된 15초~1분 정도의 짧은 영상이다. 공식적으로는 10분 이내의 영상도 포함되지만, 실제로는 틱톡, 인스타, 유튜브, 네이버 어디에서도 1분 이내의 콘텐츠가 주로 공유된다.

인스타 릴스는 1분 30초까지 가능했으며, 현재는 10분까지도 업로드할 수 있다. 하지만 아무도 릴스에 10분짜리 영상을 올리지 않는다. 이유는 간단하다. 사람들이 10분씩 영상을 보지 않기 때문이다. 대부분 1분 이내, 심지어 3~5초짜리 초단기 영상을 만들어 올리기도 한다. 이렇게 짧은 시간 안에 정보나 재미를 제공하는 것이 바로 숏폼이다.

숏폼이 폭발적으로 성장한 이유는 누구나 부담 없이 만들 수 있기 때문이다. 영상 길이가 짧은 데다 촬영과 편집을 무료로 할 수 있는 환경이 갖춰지면서 초등학생부터 5060 중장년층까지도 쉽게 숏폼을 제작할 수 있게 되었다. 실제로 중장년층을 대상으로 숏폼 제작법을 강의해 보면, 처음에는 어렵다고 생각하다가도 금세 익숙해지고 곧잘 영상을 만든다.

이처럼 숏폼을 누구나 쉽게 제작할 수 있는 이유는 영상 길이가 짧기도 하지만, 스마트폰의 기능과 쉽게 사용할 수 있는 무료 영상 편집 툴이 발전했기 때문이다. 과거에는 영상을 만들려면 전문적인 기술과 장비가 필요했다. 하지만 지금은 스마트폰 하나만 있으면 된다. 스마트폰 카메라로도 고화질 영상 촬영이 가능하고, 무료 앱만으로도 고퀄리티 편집이 가능하다. 심지어 촬영 기법과 편집 스킬도 유튜브에서 검색만 하면 무료로 배울 수 있다. 굳이 돈을 들여 배우지 않아도 의지만 있다면 누구나 숏폼 크리에이터가 될 수 있는 시대가 온 것이다. 이런 이유로 실제로 숏폼을 통해 삶을 바꾼 사람이 많아졌다.

숏폼의 시대, 지금도 늦지 않았다. 이 책을 읽고 있는 당신도 아직 늦지 않았다. 숏폼 시장은 앞으로도 계속 성장할 것이고, SNS 시대가 빠르고 짧고 자극적인 콘텐츠를 선호하는 한, 숏폼의 인기는 식지 않을 것이다. 그러니 지금부터 숏폼을 배우고 도전해 보자. 오늘의 도전이 앞으로의 인생을 어떻게 바꿔줄지는 직접 해보기 전까지는 알 수 없다.

그럼 이제부터 본격적으로 숏폼의 컨셉 설정부터 아이디어 기획, 대본 작성, 촬영, 편집까지 5단계 과정을 구체적으로 알아보자.

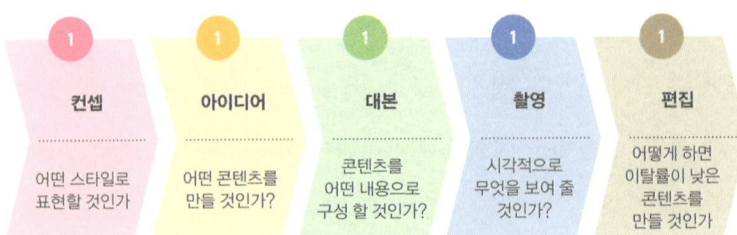

[그림 4] 숏폼 기획 5단계

01
숏폼 기획 1단계
- 컨셉 잡기

    남다른 콘텐츠를 만들고 차별화하고 싶다면, 컨셉이 명확해야 한다. 남과 같이해서는, 남이 해서 잘되는 콘텐츠로는 한계가 있을 수밖에 없다. 나를 가장 매력적으로 보여줄 수 있는, 나를 잘 기억할 수 있는 컨셉이 필요하다. 그렇다면 이런 컨셉을 어떻게 잡아야 할까?

    컨셉을 고민할 때 두 가지를 고려해야 한다. 콘텐츠를 표현하는 형식과 등장하는 캐릭터이다. 콘텐츠 형식은 주제를 잡고 난 후 그것을 표현하는 방식을 말한다. 이미 주제를 정했다면, 그것을 가장 잘 표현할 수 있는 방식을 찾아야 한다. 숏폼에 어떤 특별한 형식이 정해져 있는 것은 아니다. 분야마다 추구하는 방식이 다르고, 자신만의 독특한 표현 방식을 쓰기도 한다.

    나는 콘텐츠 형식을 크게 4가지로 구분한다. 지금부터 내가 소개하는 이 4가지 형식을 참고하여 나만의 콘텐츠 형식을 만들어 가길 바란다.

1. 텍스트 형식

　말 그대로 영상과 텍스트만으로 구성된 형식으로 이야기를 다양한 영상과 함께 텍스트로만 풀어내기도 하고, 정보를 영상에 담아 나열할 수도 있다. 이 형식은 영상편집의 기본만 알아도 만들 수 있고 짧은 영상으로 제작할 수 있어 많은 사람이 사용한다. 특히 이 형식은 초보자가 접근하기 쉽다.

　인스타에서 이런 콘텐츠를 본 적이 있을 것이다. '자세한 내용은 캡션을 확인하세요!' 인스타 릴스의 경우 영상과 함께 '캡션'이라는 글로 표현할 수 있는 섹션이 있다. 인스타는 예전부터 사진과 캡션을 통해 사람들이 자신의 콘텐츠를 올려왔기 때문에 지금도 영상과 글을 함께 보는 것이 익숙한 사람이 많다. 하지만 유튜브 쇼츠, 네이버 클립, 틱톡은 좀 다르다. 이 세 가지 플랫폼은 영상으로만 이루어진 플랫폼이다. 이 플랫폼을 이용하는 사람은 영상 외에 부가 설명을 보고 싶어 하지 않기 때문에 영상 안에 정보를 다 넣어주는 것이 좋다. 따라서 3초, 5초짜리 짧은 영상으로는 이 3가지 플랫폼에서 승부를 보기가 어렵다. 말 그대로 텍스트 형식은 인스타 '릴스 스타일'이다.

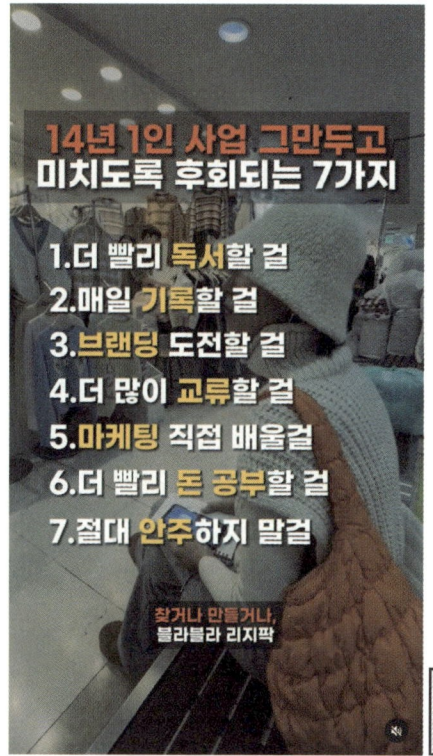

[그림 5] 리지팍의 텍스트 형식

    텍스트 형식도 다양한 종류가 있다. 영상 위에 텍스트를 빼곡히 나열할 수도 있고, 목소리 없이 자막만으로 영상을 만들 수도 있다. 앞에서 말한 제목만 넣고 '자세한 내용은 캡션을 확인하세요!'와 같은 정말 단순한 영상도 콘텐츠가 될 수 있다. 이처럼 텍스트 형식의 숏폼은 엄청난 영상편집 기술을 요구하지 않는다. 단순한 컷 편집과 텍스트 설정만으로도 누군가에게 도움이 되고, 공감을 주는 콘텐츠를 만들 수가 있다.

일단 처음엔 너무 어려운 편지 스타일보다는 컷 편집만으로 할 수 있는 간단한 텍스트 형식에 도전해 보자. 영상의 퀄리티도 중요한 요소이기는 하지만 처음부터 완벽할 필요는 없다. 차차 퀄리티를 높여 나가면 된다.

2. 내레이션 형식

영상과 함께 목소리로 이야기나 정보를 들려주는 콘텐츠를 많이 봤을 것이다. 나는 이런 형식을 내레이션 형식이라고 부른다. 보통 레시피를 소개해 주는 요리 계정이나 맛집을 소개해 주는 계정, 살림 계정에서 많이 볼 수 있는 콘텐츠 형식이다. 내레이션 형식은 관련 영상을 미리 다양하게 찍어두고 그 위에 대본을 녹음하는 방식으로, 간단한 컷 편집과 녹음, 그리고 자막 설정만으로 할 수 있어서 많은 사람이 이 방식으로 숏폼을 만들어 떡상을 시키기도 한다.

영상 초보들은 이런 영상을 만들 때, 영상을 미리 깔아두고 그것에 맞게 녹음을 한다고 생각하는데, 사실은 그 반대다. 촬영을 미리 한 다음 음성을 녹음해서 오디오를 편집하고 오디오 사이즈에 맞게 영상을 넣는다. 자막을 넣을 때는 내가 녹음한 대본을 일일이 타이핑할 필요가 없다. AI 시대가 아닌가? 자동 캡션 버튼을 누르면 알아서 자막이 적용된다. 내 발음만 좋다면 정확도는 90%가 넘는다.

　내레이션 형식의 숏폼에서는 중요한 점이 세 가지 있다.

　첫째, 대본을 잘 써야 한다. 구구절절 설명하다 보면 콘텐츠가 길고 지루해질 수 있다. 정보를 주든 이야기를 풀든, 그것을 모두 말로 하므로 대본을 말하듯이 잘 써야 한다.

　둘째, 대본은 맛깔나게 읽어야 한다. 이때 목소리 톤이나 음량에 재미 요소를 덧붙여 지루하지 않게 하는 것도 좋다. 한마디로 딱딱하고

[그림 6] 리지팍의 내레이션 형식

지루하지 않아야 한다.

셋째, 영상을 최대한 많이 확보해야 한다. 짧은 10초짜리 영상이라 하더라도 적어도 영상이 5개 이상 들어가야 지루하지 않게 구성할 수 있다. 그렇게 하려면 콘텐츠에 들어갈 한 장면을 포인트를 살려 최대한 다양한 각도에서 많이 찍어둬야 한다. 대본을 먼저 쓰고 대본과 관련된 상황을 연출해서 촬영하기도 하지만, 맛집이나 레시피처럼 다시 촬영하기가 힘들다면 한 번 촬영할 때 최대한 많은 영상을 확보해야 한다. 또는 원테이크 영상을 쓸 때는 통으로 쓰기보다 영상을 잘게 쪼개서 시각적으로 지루하지 않게 만들어야 한다.

이 정도의 지식과 적당한 편집 기술만으로도 충분히 좋은 내레이션 형식의 숏폼을 만들 수 있다. 중요한 건 일단 만들어 보는 것이다.

3. 뉴스 앵커 형식

뉴스 앵커 형식은 쉽게 말하면 뉴스처럼 직접 말하는 형식으로 유튜브 롱폼에서 많이 사용한다. 이 형식은 직접 대본을 뉴스 앵커처럼 말로 설명하기 때문에 전문가로 포지셔닝 하기에 가장 좋다. 내가 어떤 주제에 관해 알려주는 것만으로도 누군가에게는 선생님이 될 수 있다. 이 형식으로 계정을 잘 키운다면 전문가로 인정받는 것은 시간

문제다. 얼굴을 드러내고 한 가지 주제를 끊임없이 사람들에게 알려 줄 수 있는 사람은 전문가일 수밖에 없기 때문이다.

하지만 뉴스 앵커 형식은 자칫 지루해질 수 있다는 단점이 있다. 화면 전환 없이 앉아서 뭔가를 계속 얘기 하면서 누군가를 붙잡아둔다는 건 말솜씨가 상당히 뛰어나야 가능한 일이다. 그래서 이 형식을 사용하려면 무엇보다 대본을 지루하지 않게 잘 쓰는 능력과 그 대본을 카메라를 보며 자연스럽게 풀어내는 능력이 필요하다. 나 역시 어디 가서 말하는 것으로는 남한테 지지 않는다고 생각했는데, 막상 카메라를 보면서 이야기하기는 정말 쉽지 않았다. 미리 쓴 대본을 읽는데도 매우 어색했다. 이렇다 보니 이 형식을 자연스럽고 재미있게 만드는 것이 쉽지 않다. 화면을 편집할 때도 잠시라도 끊기지 않도록 해야 한다. 숨을 들이켜는 순간마저도 끊기지 않도록 편집해서 사람들의 이탈을 막아야 한다. 다양한 사진이나 스티커를 활용해서 멘트와 맞게 포인트를 주어 시선을 사로잡는 것이 좋다. 어떻게든 나 혼자 말하는 상황에서 지루함을 느끼지 않도록 해야 한다. 내 경험에 의하면 뉴스 앵커 형식은 제작하기가 절대 쉽지 않았다. 하지만 성공할 수만 있다면 전문가로 인정받기에는 가장 좋은 방식이 된다.

이 형식에서는 자막을 잘 달아야 한다. 자막은 지루하지 않게 짧게 끊어 빠르게 전환하는 것이 좋다. 이때, 자막의 위치는 턱 밑, 목 부분에 달아서 얼굴과 자막을 함께 읽을 수 있도록 해야 한다. 나를 가리지 않기 위해 자막을 너무 아래쪽에 다는 사람도 많은데 유튜브 롱폼처럼 가로 영상은 위아래 폭이 넓지 않고, 우리가 익숙한 구도이기 때문에 자막이 아래쪽에 있어도 충분히 얼굴과 함께 볼 수 있다. 하지만 세로 형태인 숏폼은 조금 다르다. 영상이 9:16 사이즈라 위아래로 길어서 자막이 너무 밑에 있으면 얼굴과 자막을 함께 보는 것이 어려워 시청자의 시선이 분산되고 영상에 대한 몰입도가 떨어져 이탈 확률이 높아진다.

[그림 7] 리지팍의 뉴스 앵커 형식

4. 엔터테이너 형식

엔터테이너 형식은 자신의 끼를 잘 드러내는 형식이다. 이 형식은 정해진 틀이 없다. 내가 보여주고 싶은 것이 곧 형식이 된다. 춤을 추기도 하고, 연기를 하기도 한다. 그림을 잘 그리는 사람은 애니메이션으로 표현하기도 한다. 어떤 특정 주제를 이야기하기보다는 '나의 끼'를 보여주며 사람들에게 재미를 주는 형식으로 사실 가장 만들기 어렵다. 엔터테이너 형식은 끼가 있다고 해서 아무나 만들 수 있는 숏폼이 아니기도 하고, 이런 재미있는 상황이 우연히 벌어지는 것도 아니다. 철저한 기획을 통해서 상황을 연출하고 그 안에 나만의 끼를 구성해서 만들어야 한다.

특히 나만 웃기고 재미있어서는 안 된다. 다른 사람한테도 함께 웃기고 재미있어야 한다. 그래서 기획이 필요하다. 누구에게 공감과 재미를 줄 것인지를 결정하고 기획해야 한다. 또 콘텐츠 안에 중심이 있어야 한다. 곧 주인공은 누구이며, 어떤 일관된 컨셉을 가져갈 건지를 확실히 해야 한다. 앞에서도 말했지만 우리는 '아는 맛'을 좋아한다. 처음엔 낯설지만 몇 번 보다 보면 익숙해지는 사람이 있고, 여러 번 봐도 늘 낯선 사람이 있다면 어떤 사람과 친해지겠는가? 우리의 콘텐츠도 그렇다. 중심, 주인공이 있어야 친해질 수 있다.

예를 들어 고양이와 함께 콘텐츠를 만드는 개그맨 '언더월드'(@UNDER_WORLD_b1)가 있다. 이 개그맨은 늘 고양이와 함께 나온다. 개그맨이 주인공인 콘텐츠가 아니라 고양이가 주인공이다. 개그맨의 말과 상황 설정이 재미있기도 하지만, 주인인 개그맨의 말과 행동에 반응하는 고양이가 재미있어서 이 콘텐츠를 보는 사람이 더 많다. 이 계정의 핵심 경쟁력은 개그맨과 고양이 2마리의 케미다. 나중에 고양이 없이 개그맨만 나와도 재미는 있겠지만, 고양이가 없다면 이 케미를 좋아했던 사람들 입장에서는 허전함이나 어색함을 느끼게 될 것이다. 아무리 재미있는 것을 올리더라도 사람들은 이들의 케미를 기대하고 기다릴 것이다. (참고로 이분은 개그맨 본업을 살린 계정을 따로 운영하고 있다.)

엔터테이너 형식의 콘텐츠를 제작하려면 주인공, 컨셉, 스토리가 필요하다. 그냥 춤추고 노래하는 것은 일회성으로 휘발되는 경우가 많다. '주인공+컨셉+스토리'라는 기획을 통해 엔터테이너의 매력을 제대로 보여주는 것이 필요하다.

엔터테이너 형식의 컨셉에는 무엇보다 일관성이 있는 캐릭터가 필요하다. 주인공이 없는 콘텐츠는 사람들에게 기억되기가 어렵다. 사람이든, 강아지든, 만화든 감정을 이입할 수 있는 주인공이 필요하다. 따라서 이런 컨셉으로 계정을 운영하려면, 사전에 이 캐릭터에 대해 스스로 정의를 내릴 수 있어야 한다. 내 SNS에 주인공이 될 나는 어떤 사람일까? 엉뚱하고 발랄한 사람? 위험을 무릅쓰고 도전하는 사람? 재치 있고 유머러스한 사람? 재미는 없지만 묵묵하고 꾸준한 사람? 사람들에게 내가 정의한 캐릭터로 자주 비쳤을 때, 비로소 친근감이 생긴다. 한 번 봤을 땐 모르는 사람이지만, 두 번 봤을 땐 어디서 본 사람이 된다. 세 번, 네 번 보면 아는 사람이 되고, 점점 예측 가능한 사람이 됐을 때부터는 내적 친근감을 느끼고 팬이 되기도 한다.

그래서 한 번 설정한 컨셉을 일관되게 유지하는 것이 좋다. 콘텐츠 생산자 입장에서는 다양한 모습을 보여줘야 한다고 생각할지도 모른다. 하지만 소비자 입장에서는 이미 내가 아니어도 정말 다양한 볼거리를 만나게 된다. 나라는 사람을 한가지로 일관성 있게 보여줄 때, 낯섦이 사라지고 '저 사람은 이런 걸 하는 사람'으로 각인된다. 예측 가능한 캐릭터가 되는 것이다. 영상에서 내 예측이 맞아떨어졌을 때, 더욱더 친근감과 재미를 느끼게 된다. 일관성을 통해서 나에 대해 기대하는 감정이 생기는 것이다. 앞에서 예를 든 고양이와 함께 하는 개그맨을 찾는 이유는 고양이와의 케미가 기대되고 궁금하기 때문이다. 매번 발을 올리는 고양이와 똥꼬를 들이대는 고양이를 보려고 이 계정을 찾는다. 매번 같은 내용이지만 또 봐도 재밌고, 또 봐도 신기하다.

또 다른 예로 내가 좋아하는 강아지 유튜버 '미소아라TT'(@miso_ara)가 있다. 3마리의 강아지를 데리고 늘 재미있는 실험을 한다. 종이컵을 쌓아놓기도 하고, 랩으로 벽을 쳐놓기도 한다. 그때마다 이 3마리의 강아지가 각자 그 장애물을 헤쳐나간다. 매번 비슷하다. 비슷한 컨셉에 비슷한 장면이지만, 오히려 보면 볼수록 재밌다. 처음엔 호기심과 재미였다면 점점 기대감으로 바뀌기 때문이다. 다시 한번 강조하지만, 사람들은 '아는 맛'을 좋아한다. 이번에 강아지는 또 껑충 뛰겠지? 이번에 강아지는 또 이빨을 드러내며 으르렁거리겠지? 기대하고 예측하며 맞췄을 때 재미는 한층 더해진다. 어떤가? 자주 보는 콘텐츠를 보며 이런 생각을 한 적이 있지 않은가?

> **리지팍의 어드바이스**
> ## 새로움보다는 일관성이 중요하다

매번 새로운 것을 보여주는 것만이 장점은 아니다. 이보다는 일관된 스토리를 만드는 것이 더 중요하다. 매번 새로운 것은 인플루언서가 되고 나서 보여줘도 늦지 않다. 처음 시작할 때는 한 가지 컨셉을 일관되게 보여주고 이를 통해서 다음 콘텐츠를 기대하게 만들어야 한다. "이 계정에 들어오면 뭔가 기대하게 돼."라는 말을 들을 수 있도록 한 가지 컨셉을 일관되게 끌고 가는 것이 중요하다.

지식으로 브랜딩을 하는 사람도 마찬가지다. 비슷한 형식의 콘텐츠를 만들다 보면 스스로는 지루할지도 모른다. 하지만 보는 사람은 이미 많은 콘텐츠 속에서 내 콘텐츠를 만났다. 내가 만드는 형식과 컨셉이 마음에 들어 구독했을 확률이 높다. 사람들에게 나는 예측 가능한 캐릭터가 되어야 한다. 같은 포맷 안에서 새로운 게스트를 출연시켜 보자. 이 사람이 또 같은 분위기 속에서 어떤 이야기를 할지 예측이 되어 기대하게 만들어야 한다. 사람들을 실망시키지 말자. 기대되는 사람이 되자. 일관성을 통해 기대에 충족해 주는 계정을 만들어 보자.

02
숏폼 기획 2단계
- 아이디어

　컨셉은 잡았지만 '그래서 뭐 만들지?'라고 하면서 온종일 고민할지도 모른다. 아마 SNS를 시작하고 싶은데 도대체 뭘 올려야 할지 몰라 이 책을 구입했을지도 모르겠다. 전혀 감이 없어도 괜찮다. 이제부터 하나씩 만들어보면 된다. 콘텐츠 아이디어는 처음이 어렵지 조금씩 몰입해서 만들다 보면 어느 순간 모든 것이 콘텐츠로 느껴질 것이다. 나 또한 그랬다. 뭘 만들어야 할지 몰라 컴퓨터 앞에 앉아 1~2시간을 보낸 적도 있었다. 하지만 어느 순간부터 모든 것이 콘텐츠로 보이기 시작했고, 벤치마킹을 통해 응용하는 법도 알게 되고, 새로운 아이디어도 떠오르기 시작했다. 또, 콘텐츠 플랜을 주 단위로 작성하며 콘텐츠 때문에 고민하는 시간을 대폭 줄일 수 있었다. 지금부터는 콘텐츠 아이디어를 무한대로 뽑는 나만의 노하우를 공유해 보려고 한다.

1. 아이디어 발굴하기

아이디어는 나한테 없는 것에서 찾는 것이 아니다. 내가 가진 것에서 찾기 시작해야 한다. 가장 좋은 아이디어는 '내 경험'이다. 내 경험을 바탕으로 배운 것, 느낀 것, 경험한 것, 변화한 것이 모두 콘텐츠가 될 수 있다. 또, 내가 가진 지식으로 정보성 콘텐츠를 만들면 분명 반응이 뜨거울 것이다. 생각을 공유하는 것만으로도 나와 같은 생각을 하는 사람을 모으는 강력한 콘텐츠가 될 수도 있다. 내가 파는 상품을 갖고 싶게 만드는 콘텐츠는 마케팅하는 사람에게는 좋은 콘텐츠가 된다. 끼가 있는 사람은 나만의 끼를 보여주는 콘텐츠를 만들어 보자. 정보성이라도 내가 직접 출연하거나 연기로 보여줄 수도 있다. 모든 것이 콘텐츠가 될 수 있다.

[그림 8] 콘텐츠 아이디어의 발굴

무한대로 콘텐츠를 뽑아내기 위해서는 여기서도 믹스해야 한다. 위 '[그림 8] 콘텐츠 아이디어의 발굴'을 참고하여 각각의 카테고리에 있는 것을 조합해 보자. 예를 들어 자기계발 관련 퍼스널 브랜딩을 하는 사람이라면 경험+지식, 경험+생각, 내가 직접 해본 것을 통해 배운 것, 에피소드를 통해 느낀 점, 내가 아는 것에 대한 소신 발언, 책을 읽고 나에게 온 변화, 강연을 보고 느낀 것 등등을 믹스하면 다양한 콘텐츠가 나올 수 있다.

2. 핵심은 정보성 콘텐츠

여느 광고에서 이런 문구를 본 적이 있을 것이다. 떡상하는 계정의 비밀은 '이것'입니다. 정작 이것이 뭔지는 잘 알려주지 않는다. 알고 보면 간단하다. 그건 바로 정보성 콘텐츠다. 누군가에게 도움이 되는 정보성 콘텐츠를 많이 만들수록 사람들은 도움을 받고, 앞으로도 도움을 받기 위해 나를 팔로우를 할 확률이 높다.

SNS를 시작한 초기에는 사람들은 내가 누군지 모른다. 나에 대해 사실 관심도 없다. 그저 자신이 받을 혜택만 관심이 있을 뿐이다. 콘텐츠를 통해 정보든, 감동이든, 재미든 뭔가를 얻었을 때 사람들은 만족하고, 또 다른 콘텐츠를 보고 싶어 한다. 감동이나 재미는 내가 의도한다 해도 전달하기가 어렵다. 그것을 말로, 영상으로 잘 표현하기가 쉽지 않기 때문이다. 하지만 정보성 콘텐츠는 전달하기가 무척 쉽다. 사람들의 감정을 건드릴 필요가 없기 때문이다. 그저 누군가에게 유익한 내용을 전달하면 된다. 유익하다고 느낀 사람은 앞으로 더 많은 정보를 얻기 위해 나를 팔로우를 할 확률이 높다. 정보는 내가 말솜씨나 글솜씨가 없어도 내용 전달만 잘하면 된다. 앞에서 설명한 간단한 텍스트 형식으로 콘텐츠를 만드는 사람들이 그렇다. 핵심만 전달하며 사람들의 시간을 아껴준다. 내가 아는 것일 수도 있고, 공부해서 배운 것일 수도 있다. 그렇게 누군가를 도와줬을 때, 그들은 고마움을 느끼고 나라는 사람을 조금씩 궁금해하기 시작한다. 그렇다면 어떤 정보를 줘야 할까?

첫 번째 내 타깃의 문제를 해결해 주는 콘텐츠다. 앞에서 우리는 주제와 타깃을 잡았다. 어떤 사람과 어떤 주제로 이야기할지를 정했다. 그 '어떤 사람'은 내가 정한 주제와 관련하여 '어떤 문제'를 갖고 있을까? 예를 들어 다이어트 계정이라면 내 타깃의 문제는 식욕을 참기가 힘든 것일 수 있다. 그렇다면 이런 제목을 뽑을 수 있다.

'아무리 먹어도 살 안 찌는 저칼로리 음식 5가지'

다이어트로 먹는 걸 참아야 하는 사람이 안 볼 수가 없는 콘텐츠가 된다. 이런 식으로 자신의 분야에 적용해 보면 된다.

같은 분야라 하더라도 세부 타깃에 따라 그들의 문제와 해결 방법은 천차만별이다. 그래서 콘텐츠를 만들기 전에 나의 주제와 타깃을 명확히 해야 한다. 그래야 뾰족하게 내 콘텐츠가 타깃에 다가갈 수가

분야	타깃	문제	콘텐츠
부동산	부동산을 통한 투자	적은 투자금	1,000만 원으로도 투자할 수 있는 수도권 아파트 5개
	실거주	적은 돈으로 내 집 장만	백수도 대출을 받을 수 있는 지원금 정보 전격 공개
운동	홈트를 통한 다이어트	층간 소음 때문에 걱정	층간 소음 제로! 하루 10분 홈트 루틴
	헬스를 통한 근력 향상	운동 방법을 모름	1달만 하면 말벅지 되는 헬스장 하체 루틴
	운동을 통해 체형 교정	거북목으로 인한 통증	거북목 통증 하루 5분만 따라 해보세요
요리	자취하는 혼밥러	재료가 늘 남는 것	남은 재료 보관 이렇게 해보세요
	아이가 있는 주부	오늘은 뭐 해 먹지?	이거 하나면 한 달 걱정 끝! 30일 집밥 식단표 무료 배포
뷰티 사업	여드름 피부관리샵을 찾는 고객	잦은 피부 트러블	피부 트러블 쏙 들어가는 홈케어 루틴
	피부관리샵을 하는 사장님들	매출이 늘지 않는 것	뷰티샵 '이것'만 세팅해도 매출 2배 상승

[표 6] 타깃의 문제 해결 콘텐츠 예시

있다.

두 번째, 내 타깃의 관심사다. 타깃이 해결하고 싶은 문제도 있지만, 관심이 있는 것도 분명 있을 것이다. 내 타깃은 어떤 이야기를 좋아할까? 어떤 정보가 필요할까? 즉, 그들이 원하고 필요한 정보를 주는 것이다. 예를 들어 패션에 관심이 많은 사람은 시즌이 바뀔 때마다 최신 트렌드에 관심이 있을 것이다. 자기계발을 하는 사람은 자기계발서를 추천해 주거나 시간 관리, 명언을 보며 동기부여 받는 것에 관심이 있을 것이다.

분야	타깃	관심사	콘텐츠
부동산	부동산을 통한 투자	투자하기 좋은 곳	일자리 늘고 있는 도시 BEST 5
	실거주	살기 좋은 곳	경기도 살기 좋은 도시 BEST 5
운동	홈트를 통한 다이어트	살 빨리 빼는 방법	하루 10분 만 해도 칼로리 1,000 태워주는 루틴
	헬스를 통한 근력 향상	몸 키울 때 좋은 음식	운동할 때 안 먹으면 손해 보는 음식 5가지
	운동을 통해 체형 교정	체형 교정에 좋은 자세	일할 때 이렇게 앉아 있으면 큰일 납니다
요리	자취하는 혼밥러	쉽고 편한 요리	전자레인지로 10분 완성 토마토스파게티
	아이가 있는 주부	아이들이 좋아하는 요리	아이들 방학 시작 간단하게 만드는 간식 LIST
뷰티 사업	여드름 피부관리샵을 찾는 고객	도자기 같은 피부 만들기	하루 10분 투자로 도자기 피부 되는 꿀팁
	피부관리샵을 하는 사장님들	효과 좋은 마케팅 방법	이것 하나만 바꿔도 매출 2배 오릅니다

[표 7] 타깃이 관심이 있는 콘텐츠 예시

이처럼 내 타깃이 관심을 갖고 평소에 찾아볼 만한 것을 대신 찾아주자. 그렇게 그들의 시간을 아껴주자. 그들이 내 계정만 들어와도 원하는 정보를 다 얻을 수 있게 한다면 더 자주 내 계정을 방문할 것이고, 필요한 다른 사람에게도 소개할 것이다. 내 타깃의 입장에서 생각해 보자. 내가 그런 상황이라면, 나는 어떤 정보를 찾아볼까?

세 번째, 타깃의 불안감을 해결하는 콘텐츠다. 이것은 문제 해결과도 비슷하지만 조금 다르다. 사람들의 불안감에 초점을 맞추는 것이다. 즉, 사람들은 실패하고 싶어 하지 않기 때문에 정보를 찾아본다. 실패 확률을 낮추기 위해서 미친 듯이 정보를 수집한다. 따라서 내 타깃의 불안감의 원인을 정확히 파악하고 그들이 보고 안심할 만한 정보를 준다면, 내 찐팬이 될 수도 있다.

나는 인스타 관련 콘텐츠를 올리면서 인스타 자체에서 노출이 막히는 '쉐도우밴'에 관해 이야기한 적이 있었다. 이때 정말 많은 사람이 불안감 때문에 이 정보를 받아 갔고, DM으로 자신의 상황을 설명하며 조언을 구하기도 했다. 인스타 잘하는 법보다 아마 더 강하게 반응할 수밖에 없었을 것이다.

불안감은 혹시나 내가 잘못될까 봐 느끼는 감정이라 더 적극적으로, 더 강하게 반응한다. 내 타깃이 불안해하는 것이 뭔지를 찾고, 해결 방법까지 제시해 보자. 불안감 속에서 누군가를 구해주는 것, 그거야말로 진정 누군가를 돕는 것 아닐까?

분야	타깃	관심사	콘텐츠
부동산	부동산 투자	투자 실패로 돈을 잃는 것	부동산 투자하다 돈 잃는 사람들의 특징
	실거주 집 구하기	층간 소음으로 인한 분쟁	층간 소음 발생 시 이렇게 대처하세요
운동	홈트를 통한 다이어트	폭식으로 인한 요요 현상	다이어트, 이렇게 하면 99% 확률로 폭식합니다
	헬스를 통한 근력 향상	잘못된 자세로 인한 부상	등 운동, 이렇게 하면 큰일 납니다
	운동을 통해 체형 교정	거북목 통증으로 인한 디스크 발병	이렇게 앉지 마세요! 디스크 유발하는 자세
요리	자취하는 혼밥러	기껏 한 요리가 망하는 것	요리 똥손도 성공하는 치트키 레시피 대공개
	아이가 있는 주부	아이들이 편식하는 것	야채 안 먹는 아이도 순삭 꼬마 동그랑땡
뷰티 사업	여드름 피부관리샵을 찾는 고객	피부가 더 나빠지는 것	절대 먹지 마세요! 피부 트러블 유발하는 음식 5개
	피부관리샵을 하는 사장님들	비수기 매출	뷰티샵 비수기 전략 이렇게 준비하세요

[표 8] 불안감을 해결하는 콘텐츠 예시

네 번째, '강력한' 정보 큐레이션이다. 강력함은 한 개의 임팩트가 있는 정보에서 생길 수도 있지만, 많은 정보에서도 생길 수 있다. 따라서 하나의 정보를 자세히 전달하는 것도 좋지만, 빠르게 팔로워를 모으고 싶다면 많은 정보를 큐레이션 하는 것을 추천한다. 하나가 아니라 3개, 5개, 7개 많으면 많을수록 좋다. 사람들에게 필요한 정보를 한 번에 모아서 전달해 주는 것이다. 다른 사람의 시간을 아껴줄 수 있고, 정보가 많다 보니 저장이나 공유와 같은 반응이 무조건 잘 나오면서 도달률이 높고 팔로워도 폭발적으로 증가시킬 수 있다. 나 또한 이런 강력한 정보 큐레이션 콘텐츠를 통해 콘텐츠 하나로 조회 수가 100만이 넘고 팔로워도 2,000명 넘게 늘어났던 적이 있다.

분야	타깃	콘텐츠
부동산	부동산을 통한 투자	부동산 하락장에 모르면 손해 보는 10가지
	실거주할 집을 위한	부동산 방문 시 모르면 손해 보는 10가지
운동	홈트를 통한 다이어트	먹어도 살 안 찌는 음식 20가지
	헬스를 통한 근력 향상	근육에 좋은 단백질 많은 음식 BEST 10
	운동을 통해 체형 교정	체형 교정에 좋은 스트레칭 10가지
요리	자취하는 혼밥러	혼밥하기 좋은 편의점 아이템 10가지
	아이가 있는 주부	식재로 저렴하게 구매 가능한 사이트 5곳
뷰티 사업	여드름 피부관리샵을 찾는 고객	여드름 피부에 좋은 올리브영 아이템 5개
	피부관리샵을 하는 사장님들	뷰티샵 마케팅에 도움이 되는 사이트 5개

[표 9] '강력한' 정보 큐레이션 예시

사실 빠르게 성장하는 SNS의 치트키가 바로 '강력한' 정보 큐레이션이다. 내가 꼭 아는 정보여야 할 필요는 없다. 누군가에게 도움이 되는 강력한 정보를 내가 대신 찾아서 제공하는 것이다.

저장을 안 할 수가 없는 강력한 콘텐츠를 만들어 보자. 다른 사람이 검색할 시간을 절대적으로 아껴준다는 생각으로 정보를 모아보자. 누군가를 돕다 보면 내가 잘될 수밖에 없다. 그리고 이렇게 생각해 보자. 정보를 모으는 과정에서 결국 성장하는 것은 자기 자신이라는 것. 그래서 나는 정보성 콘텐츠를 제공하는 사람을 존경한다. 그 콘텐츠 제작을 위해 정보를 모으고 공부하는 시간도 무시할 수 없기 때문이다. 나는 어떤 정보를 압도적으로 줄 수 있는가?

많은 마케팅 관련 책에서 이런 이야기를 한다. 고객을 사랑해야 한다고. SNS 브랜딩도 마찬가지다. 내 타깃을 사랑해야 타깃에 관심을 가질 수 있다. 관심을 갖고 지켜봐야 그들의 문제점도 찾아낼 수 있다. 그들의 불안감에 초점을 맞춰야 그들에게 내가 필요해질 수 있다. 또는 내 타깃이 내 상황과 가깝다면 스스로 생각해 보자. 나에겐 지금 어떤 문제가 있고, 어떤 해결책이 필요할까? 어떤 것에 관심이 있고 어떤 것이 눈앞에 닥칠까 봐 두려워하고 있을까?

3. 마음을 울리는 공감성 콘텐츠

　SNS를 처음 시작할 때는 정보성 콘텐츠의 힘이 강력하다. 하지만 정보성 콘텐츠만으로는 퍼스널 브랜딩이 쉽지 않다. 시중에 서로 비슷한 제품이 정말 많이 있듯이, 나 말고도 내가 주는 정보를 줄 수 있는 사람은 얼마든지 있어서 정보성 콘텐츠는 언제든지 대체될 수 있다. 반면에 나만의 스토리와 신념을 토대로 만든 공감성 콘텐츠는 다른 사람이 쉽게 대체할 수 없다. 내가 경험한 것, 그것을 통해 느낀 점, 평소 내 생각을 토대로 만든 나만의 고유한 콘텐츠이기 때문이다.

　사람들은 정보를 얻기 위해서뿐 아니라, 나와 비슷한 상황에 있는 사람들과 소통하고 공감하기 위해 SNS 콘텐츠를 소비하기도 한다. 누군가의 스토리를 통해 찐하게 공감하고, 나를 돌아보고, 강력한 동기부여를 받기도 한다. 누군가의 스토리를 보고 감동하거나 슬퍼서 울기도 하고 마음이 따뜻해지기도 한다. 이것이 바로 스토리텔링, 공감성 콘텐츠의 힘이다.

　자영업을 하는 사람은 대부분 SNS에 자신의 제품을 올리기 바쁘다. 그만큼 간절하기 때문에 계속 판매를 위한 콘텐츠를 제작한다. 하지만 절대 이렇게 접근하면 안 된다. 작은 가게일수록 콘텐츠에서 사람 냄새가 나야 한다. 제품만 보여주기보다 가게를 운영하는 사장님의 생각과 마인드, 소소한 에피소드와 경험을 공유해서 차별화 해야 한다. 똑같은 커피를 팔더라도, 다른 곳과 비슷한 제품을 팔더라도, 제품에 스토리가 생기면 얘기가 달라진다. 그래서 가게를 시작할 때부터 모든 과정을 공유하며 그 과정에서 느낀 것을 올리면 사람들은 흥미를 갖게 되고, 그 가게가 탄생하는 것을 지켜보며 그 안에서 진정성을 느끼고 신뢰를 하게 된다. 힘들었던 창업 과정을 알기에 응원하게 되고 한 번쯤 꼭 가보고 싶다고 생각한다. 특히 온라인으로 구매할 수 있다면 사람들의 지갑은 무조건 열리게 된다. 이게 바로 공감성 콘텐츠의 힘이다.

공감성 콘텐츠를 만들 때 자기 생각을 말하는 것이 힘들 수 있다. 나와 의견이 다른 누군가가 악플을 달지는 않을지 걱정되기도 하고, 혹시나 내가 틀렸을까 봐 불안하기도 할 것이다. 하지만 생각이라는 건 사람마다 다 다르므로 걱정할 필요가 없다. 공감성 콘텐츠의 힘은 바로 나와 비슷한 결의 사람들을 모이게 하기 때문이다. 내 생각에 동의하는 사람이 모여 나의 팬이 되고, 내 제품의 소비자가 된다. 내 생각이 좋아서 모인 사람들의 힘은 강력하다. 찐팬이라는 게 바로 이런 것이다. 어차피 모든 사람이 나를 좋아할 수 없고, 모든 사람이 내 제품을 구매할 수 없다. 그렇다면 우리는 공감성 콘텐츠로 내 타깃 또는 나와 결이 비슷한 사람만 모을 수 있어도 충분하다.

공감성 콘텐츠는 어떻게 만드는 것이 효과적일까?
첫 번째, 경험 스토리다. 내가 경험한 것을 통해 느낀 점, 배운 것을 이야기하다 보면 자연스럽게 나와 비슷한 경험이 있거나, 내 경험이 필요한 사람이 모이게 된다. 하찮아 보이던 내 경험이 누군가에게는 도움이 되는 이야기가 된다.

브랜딩하면서 정말 큰 도움이 되었던 책《백만장자 메신저》(브렌든 버처드, 리더스북)에서는 이렇게 말한다. '당신의 이야기는 당신이 생각하는 것보다 훨씬 더 어마어마한 가치를 갖고 있다. 당신은 수백만 명의 사람에게 메시지를 전달할 수 있고, 그 대가로 수백만 달러를 벌 수 있다.' 정말이다. 14년 동안 구멍가게처럼 운영했던 내 의류 사업 이야기에 많은 사람이 반응했고 도움이 되었다고 했다. 수백만의 조회 수와 저장, 공유가 일어났다. 생각지도 못했던 일이다. 그렇게 내 14년의 1인 사업 경험을 공유한 이후 급격하게 팔로워가 늘어 여섯 달 만에 약 1만 팔로워가 유입되었다. 이제 막 사업을 시작했거나 혼자 일하며 외롭고 힘들었던 사람들에게 내 경험이 위로가 되고 도움이 되었다. 공감 콘텐츠로 1만 팔로워를 넘기고 나자 각종 광고가 쏟아지기 시작했고, 오프라인 모임 및 다양한 모객에도 성공하며 본격적인 SNS 수익화가 시작되었다.

'저는 어떤 분야의 전문가예요.', '저는 어떤 재능이 있고 정말 잘합니다.'라고 외치면 아무도 듣지 않는다. 솔직히 관심조차 없다. 내가 전문가임을 알리고 싶다면 전문가라고 외치지 말고 자신의 경험을 스토리텔링 해보자. 그러면 사람들은 자연스럽게 내가 전문가임을 알게 될 것이다. 그 분야에 충분한 경험이 있고, 실패도 성공도 해본 사람이기에 내가 전문가라는 사실을 자연스럽게 이해하게 된다. '이렇게 많은 경험을 해본 사람은 전문가일 수밖에 없어.'라고 생각할 수 있도록 하자. 경험은 가장 좋은 스토리가 된다.

  두 번째는 과정 스토리다. 사람들은 대부분 완벽주의에 대한 콤플렉스가 있어서 되도록 완벽한 모습을 보여주려고 한다. 완성된 모습을 공개하려고 한다. 하지만 이제는 그런 시대가 아니다. 사람들은 만들어지는 과정에 열광하고, 그 과정을 통해 진정성을 느낀다.

  매번 비슷한 패턴으로 가수를 뽑는 서바이벌 프로그램이 늘 핫한 이유가 이것이다. 완성형으로 나온 가수의 실력은 당연히 뛰어나다. 우리가 모르던 기간 동안 몇 년을 혹독하게 연습하고 세상에 나오기 때문이다. 그렇다면 다 잘돼야 하는데 실상은 그렇지 않다. 몇 년을 고생해서 데뷔했지만 제대로 빛도 보지 못한 채 망하는 아이돌, 망하는 가수가 수두룩하다. 왜일까? 비슷한 수준과 비슷한 매력의 가수가 이미 많기 때문이다. 그래서 사람들은 서바이벌 프로그램에 열광한다. 실력이 없던 친구가 실력이 좋아지는 것을 보며 팬이 된다. 이미 실력을 갖추었지만 성실하게 더 열심히 하는 모습을 보고 진정성을 느끼고 팬이 된다. 탈락의 위기에서도 굴하지 않고 최선을 다하는 모습에 감동한다. 그렇게 찐팬이 된다. 그렇게 해서 서바이벌로 데뷔한 가수는 대부분 이미 TV 프로그램을 통해 수많은 팬을 확보하고 시작한다. 그리고 그 팬은 쉽게 마음이 변하지 않는다. 서바이벌 프로그램을 진행하면서 내가 키웠고, 내가 손수 뽑은 나만의 가수이기 때문이다. 기존의 완성형 가수와는 완벽하게 시작점이 다르다. 이것이 바로 과정 스토리의 힘이다.

지금 완벽하지 않아도 괜찮다. 성장해 가는 과정을 진정성 있게 공유하다 보면 팬이 생길 것이다. 나를 응원하고 지지하는 든든한 지원군을 얻을 것이다. 실패를 두려워하지 말고, 실패 또한 과정의 하나로 여긴다면 실패조차 훌륭한 콘텐츠가 된다. 실패한 스토리도 누군가에게는 도움이 될 것이다. 내 인친 중 한 사람은 계속 도전하며 그 도전을 과정으로 남기기 시작했다. 무모해 보이는 도전도 하고, 그 안에서 실패도 하고 성공도 하며 에피소드를 나누어 공유하기 시작했다. 그러자 그전에는 미비하게 늘던 팔로워 수가 도전 과정을 기록하면서부터 굉장히 빠르게 늘기 시작했다. 그 사람에게 기대하는 것이 생겼기 때문이다. 다음 이야기가 궁금해진 것이다.

요즘 세상에 소비하는 사람들은 두 가지로 나뉜다. '가성비'를 찾거나 '가치'를 보고 소비한다. 지금 세상의 대다수 완성품은 기능도, 디자인도 훌륭해서 자연스럽게 서로 가격경쟁을 할 수밖에 없다. 상향평준화 된 세상에서 비슷한 수준의 상품이 너무 많다면, 제품이 아닌 다른 차별화가 필요하다. 그것이 바로 과정 스토리를 공유하는 것이다.

다이어트 계정이라면 살을 조금씩 빼가는 과정을 공유하자. 몸치가 춤을 추는 계정이라면 춤이 점점 늘어가는 과정을 공유하자. 부동산 계정이라면 부동산 투자를 하는 모든 과정을 공유하자. 이 과정 공유는 성장형 퍼스널 브랜딩을 하는 모든 사람에게 좋은 콘텐츠이다.

인스타에서 핫한 MZ 여자 사장님이 운영하는 '양대표의 워크로

그'(@sailors_yujeong)라는 계정이 있다. 이 계정에서는 다양한 제품을 기획하고 제작하는 모든 과정을 보여준다. 어떤 날은 옷을 제작하기도 하고, 어떤 날은 다이어리를 제작, 판매하기도 한다. 백팩도 만들었다가 슬랙스를 판매하기도 한다. 한마디로 일하며 불편한 점을 해결하는 제품, 일을 더 잘하게 해주는 제품을 판매하는 일잘러를 위한 브랜드, 세일러즈 계정이다. 양 대표님은 이 계정에서 제품 기획과 생산 과정에서 일어난 에피소드와 애로사항 전 과정을 공유하며 사람들의 신뢰와 관심을 받는다. 그리고 이는 자연스럽게 판매로 이어진다. 과정 공유라는 스토리가 생기며 비슷한 여느 제품과는 다른 차별화가

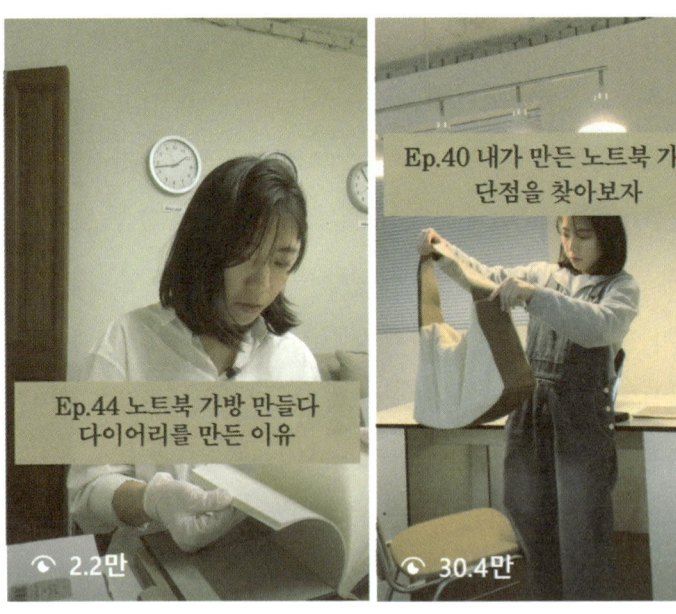

[그림 9] 양대표의 과정 스토리 영상

된 것이다. 이렇듯 완성해서 보여주는 시대는 끝났다. 모든 과정 하나하나가 콘텐츠가 되고 가장 좋은 마케팅 수단이 된다.

사업을 하는 사람이라면 사업을 한 계기와 창업 과정이 다 스토리가 된다. 그 과정을 보며 마치 창업에 함께 뛰어든 듯 애정이 생기고, 그 스토리를 통해 한 번쯤 꼭 가보고 싶은 마음이 생긴다. 그곳은 단순히 상품을 판매하는 곳이 아닌, 창업한 사람의 스토리가 담겨있는 곳이 된다. 궁금하다면 인스타 탐색 창에 '#창업일기'를 검색해 보자. 창업 과정을 담은 다양한 콘텐츠를 만날 수 있을 것이다. 이처럼 과정 스토리는 사람의 마음을 움직이고 지갑을 열게 하는 가장 좋은 장치다.

세 번째, 생각 공유다. 사람들은 자기 생각을 솔직하게 말하는 것을 두려워한다. 그 이유는 악플이 두렵거나 자기 생각이 틀렸을까 봐서다. 나는 악플은 무시해도 되며 생각은, 틀린 게 아니라 다른 것이라고 생각한다. 내가 2년 가까이 SNS에서 정말 많은 인플루언서를 보며 느낀 건, 자기 생각을 솔직하게 말할수록 내 편이 많이 생긴다는 사실이었다.

SNS에서 소통하다 보면 유난히 '맞아요~. 저도 그래요.'라고 말하는 사람, 곧 나와 생각이 비슷한 사람에게 유난히 친근감을 느끼고 마음이 간다. 이것이 바로 생각 공유의 힘이다. 생각을 공유하다 보면 나와 생각이 맞는 사람이 점점 더 많이 내 계정에 모이고, 그들이 나의 편이 되어 주고 팬이 된다. 마음이 맞는 사람과 함께 있으면 마음이 편하고 기분이 좋다. 그래서 나와 마음이 맞는 사람의 계정에 더 자주 들어가고 소통하게 되는 것이다.

　인스타에서 굉장히 멋진 카페 사장님이 있다. 괴산이라는 지방 시골에서 카페를 운영하면서 자신의 계정인 '오가리카페'(@ogaricafe)에서는 카페 홍보를 따로 하지는 않는다. 그저 카페에서의 에피소드나 카페를 운영하는 일상 속에서 느낀 점을 감성적으로 풀어낸다. 가끔은 카페와는 전혀 상관없는 자기 생각을 이야기하기도 한다. 생각을 공유하면서 영상에는 카페 상품을 간접 노출하기도 하고, 제작하는 과정을 보여주기도 한다. 이런 카페 사장님의 생각에 깊이 공감한 사람들은 마음이 열리며 팬이 되었다. 사장님을 보려고 멀리서 괴산까지 카페를 찾아가기도 하고, 택배로 배달되는 빵은 오픈한 지 몇 시간 되지도 않아 마감되기도 한다.

　대놓고 파는 시대는 끝났다. 자기 생각을 어필하며 간접적으로 상품을 보여주며 사람이 찾아오게 만들어 보자. 모든 사람을 고객으로 만드는 건 불가능하다. 나와 공감하는 사람만 구매해도 이미 충분하다.

　네 번째, 정보와 믹스하기다. 공감을 불러일으키는 스토리 콘텐츠에는 강력한 힘이 있지만, 계정 초기엔 그 힘이 약할 수 있다. 그렇다고 정보성 콘텐츠만 제공하면 계정이 커져도 영향력은 약할 수 있다. 그래서 계정을 운영할 때, 정보성 콘텐츠와 함께 내 생각과 과정 스토리를 함께 믹스해서 사용하는 것이 좋다. 곧 사람들이 정보만 소비해 버리는 휘발성 강한 계정이 되지 않도록 생각과 과정 스토리도 함께 공유해야 한다. 나에게 이런 생각과 과정이 있어서 이런 정보를 공유할

[그림 10] 오가리카페의 생각 공유 영상

2장 끌리는 숏폼 기획 5단계 • III

수 있음을 알게 해야 한다. 내 생각과 과정에 대한 스토리를 통해 앞으로도 이런 정보를 줄 수 있는 사람이라는 걸 인식하게 해야 한다. 정보만 열심히 제공하다 영향력 없는 계정이 되고 마는 실수를 범하지 말아야 한다. 내 SNS 계정은 결국 나를 위한 것이 되어야 한다.

4. 드라마틱한 변화 콘텐츠

이런 콘텐츠를 한 번쯤은 들어봤을 것이다.

'최저시급이었던 내가 연 매출 10억이 된 비결'
'쿠팡 알바에서 월 천 벌게 된 방법'
'6개월 만에 79kg → 49kg 감량한 비법'

제목만 봐도 궁금하지 않은가? 이런 콘텐츠에서 주는 정보는 어디서도 입증된 방법이 아닐 수 있다. 하지만 믿게 된다. 왜냐면 이렇게 변화했기 때문에. 특히 시각적으로 증명할 수 있는 분야라면 신뢰는 더욱 커질 수밖에 없다. 누군가의 변화를 목격했기 때문에 자연스럽게 믿게 된다.

이 변화 콘텐츠는 퍼스널 브랜딩을 하는 개인뿐 아니라 자영업을 하는 사람들에게 특히 좋은 콘텐츠다. 즉각적인 매출을 일으킬 수 있기 때문이다. 시술 전후, 컨설팅 전후, PT 전후 등등 내 상품을 이용하기 전과 후를 보여주면 별다른 말이 필요 없다. 영상 하나로, 이미지 하나로 사람들을 설득하는 좋은 콘텐츠가 될 수 있다. 특히 시각적으로 보여줄 수 있는 상품이라면 무조건 변화 콘텐츠를 적극적으로 활용할 필요가 있다. 다이어트나 시술 등과 같이 시각적으로 전·후가 확실히 다른 콘텐츠를 가지고 있다면, 무조건 영상 초반에 변화 콘텐츠를 섬네일에 활용해 보자. 조회 수에서 큰 차이를 경험할 것이다.

변화 콘텐츠는 꼭 내가 파는 상품을 홍보하기 위해서만이 아니라 퍼스널 브랜딩에서도 매우 유용하다. 운동 계정이라면 운동 전·후의 변화를, 독서 계정이라면 책을 읽기 전·후의 변화를, 뷰티 계정이라면 관리하기 전·후의 변화를 보여주면 된다. 사람들은 스스로 그런 변화를 만든 사람에게 노하우를 배우고 싶어 한다. 다른 말이 필요 없다. 내가 해냈고 변화를 봤으니까, 사람들은 가장 쉽게 믿게 되고 쉽게 지갑을 열게 된다.

5. 어떻게든 주세요, 재미 콘텐츠

많은 사람이 SNS를 하는 이유가 뭘까? 정보를 얻으려고? 공감을 받으려고? 아니다. 사실 사람들은 심심해서 SNS를 한다. 그냥 킬링타임으로 SNS를 습관처럼 본다. 그리고 짧게 돌아가는 영상을 보며 빠져들어 한 시간이고 두 시간이고 시간을 보낸다. 짧은 영상을 보며 사람들은 무슨 생각을 할까? 사실 아무 생각도 하지 않는다. 아무 생각도 하고 싶지 않고 그저 쉬고 싶어서 SNS를 하는 것이다. 이렇게 아무 생각도 하지 않는 시간에 가장 편하게 볼 수 있는 콘텐츠가 바로 재미 콘텐츠다. 재미있는 콘텐츠는 보는 순간 곧바로 즐거움을 준다. 별생각 하지 않아도 되고 뭔가 하라고 하지도 않는다. 그저 재미를 느끼기만 하면 된다.

재미 콘텐츠라고 해서 꼭 웃기라는 것이 아니다. 어떤 식으로든 즐거움을 주면 된다. 웃기는 능력이 뛰어나다면 개그를, 춤을 잘 춘다면 댄스 챌린지를, 말을 잘한다면 라이브 방송을, 그림을 잘 그린다면 다양한 스토리를 툰으로 표현하면 된다. 영상편집을 잘한다면 신기한 효과로 사람들에게 시각적인 재미를 줄 수도 있다. 자신만의 방식으로 사람들을 즐겁게 해주려고 노력해 보자. 내 콘텐츠를 통해 즐거움을 느끼고, 좋은 감정을 느낀 사람은 자연스럽게 내 팬이 된다. 그리고 내가 누군가를 즐겁게 해준 그 능력 또한 자연스럽게 인정받게 된다.

의류 도매 사업을 하면서 4개 국어를 할 줄 아는 유튜버 '도매언니 YaDoll'(@도매언니YaDoll)이 있다. 이 유튜버는 4개 국어 능력을 활용해서 1인 4역을 하며 의류 도매 사업의 일상을 사람들에게 보여줬다. 우리가 잘 알지 못하는 의류 도매시장의 일상을 보여주며 흥미를 유발하고, 다른 나라 사람과 능청스럽게 연기하는 모습에 재미를 느끼게 된다. 사람들이 그 과정에서 자연스럽게 4개 국어를 할 줄 아는 유튜버의 매력에 빠져들면서, 이 유튜버는 금방 몇십만 구독자를 보유한 인플루언서가 되었다. 그리고 지금도 자신의 매력을 알고, 그 매력을 발산하며 재미있는 콘텐츠를 보여주고 있다.

[그림 11] 도매언니YaDoll의 재미 콘텐츠

 남편이 새벽 3시만 되면 배가 고파한다는 컨셉으로 새벽 3시에 하는 요리를 보여주는 유튜버 '하뉴'(@하뉴)가 있다. 이 계정에는 어디에도 레시피가 없다. 대신에 자신이 요리하는 이유와 과정을 재미있게 보여준다. 그리고 늘 깔깔이를 입고 등장하는 남편의 요리 평이 재미의 정점을 찍는다. 이 계정의 본질은 요리 레시피나 정보가 아니라 재미다. 이 계정의 운영자인 하뉴는 요리사가 아니라 재미 크리에이터라고 할 수 있다.

[그림 12] 하뉴의 재미 콘텐츠

6. 뜨거운 감자, 최신 화제성 콘텐츠

현재 많은 관심을 끌고 있는 사회적, 문화적 이슈나 트렌드를 반영한 최신 화제성 콘텐츠는 사람들의 관심을 집중시켜 단기간에 조회 수를 높일 수 있다. 최신 화제성 콘텐츠는 때로는 역주행을 하기도 하지만, 일반적으로 업로드 초기에 노출량이 급증하다가 시간이 지나면서 점차 감소하는 특성이 있어 시의성이 매우 중요하다. 최신 화제성 콘텐츠의 이러한 특성을 잘 활용하면 내 콘텐츠에 대한 많은 아이디어를 얻을 수 있고, 나아가 조회 수와 도달을 빠르게 높일 기회가 될 수 있다. 시즌이 바뀔 때마다, 큼직한 이슈가 있을 때마다 남들보다 빠르게 화제성 콘텐츠를 준비해 보자. 내 분야와 시즌별로, 시기별로 이슈가 되는 키워드를 엮는다면 평소보다 높은 조회 수를 기록할 수 있을 것이다.

① 계절 콘텐츠

사람들은 계절이 바뀔 때마다 설렘을 느낀다. 따라서 계절이 바뀔 때마다 그것에 맞게 화제가 되는 이야기들을 찾아내 주제에 시의성 있게 반영하여 최신 화제성 콘텐츠를 만들어 보자.

예) 운동 계정 - 여름 준비 1달 만에 끝내는 홈트 루틴
    뷰티 계정 - 올겨울 속 건조까지 잡아줄 수분템 5가지
    패션 계정 - 가성비 있는 고퀄리티 브랜드 코트 추천
    살림 계정 - 의외로 모르는 봄맞이 대청소 꿀팁 3가지
    독서 계정 - 독서의 계절, 가을에 읽는 소설 5권 추천

② 이벤트 콘텐츠

큼직큼직한 이벤트를 노려보자. 큼직한 이벤트가 있을 때마다 관련 검색어는 검색량이 많아질 수밖에 없다. 늘 다가오는 크리스마스, 벚꽃 시즌, 여름휴가, 단풍놀이, 어린이날, 명절 등은 사람들이 때가 되면 늘 반응하는 이벤트다.

예) 커플 계정 – 5만 원대 크리스마스 남친 선물 추천 5가지
　　여행 계정 – 나만 알고 싶은 서울 근교 계곡 추천
　　뷰티 계정 – 벚꽃 놀이 갈 때 안 하면 후회하는 헤어스타일 추천
　　육아 계정 – 어린이날 선물 고민 여기서 해결하세요
　　패션 계정 – 첫 명절, 점수 따는 며느리룩 BEST 5

③ 이슈 콘텐츠

그때그때 이슈가 되는 콘텐츠다. 힙한 챌린지나 올림픽, 인기 TV 프로그램 등이 이에 해당할 수 있다. 또, 나라에서 그때그때 개시하는 지원금 혜택이나 기업 이벤트도 해당할 수 있다. 사회 현상이나 상황을 반영하는 것도 좋은 이슈 콘텐츠가 된다.

인친 중 인스타툰을 그리는 '한나툰'(@hanna_toon_)이 있다. 이분은 결혼생활과 관련된 이야기를 사연으로 받아 인스타툰으로 그려주며 많은 공감을 얻는다. 아내와 며느리로 살아가는 분들이 겪고 느끼는 고민이 주요 소재가 되는 만큼 이 계정은 명절만 되면 굉장히 뜨거

워진다.

[그림 13] 한나툰의 이슈 콘텐츠

이처럼 자신의 분야에 맞는 화제성 있는 키워드가 있다. 운동 계정은 여름이 오기 전이 가장 핫하고, 육아 계정은 5월이 가장 바쁠 것이다. 여행 계정은 여름에 검색량이 유난히 많고, 자기계발 계정은 연말과 연초에 많이 반응한다. 내 분야의 성수기는 언제인가? 미리 체크하고 이를 놓치지 말자.

예) 자기계발 계정 - 올림픽 금메달리스트 명언 모음

사업 계정 – 모르면 무조건 손해 보는 4,000만 원 받고 사업하는 법 (예비창업 패키지)

맛집 계정 – ○○ TV 프로그램에 나온 가성비 맛집 리스트

뷰티 계정 – '올리브O' 세일 시작, 무조건 사야 할 아이템 5가지

리지팍의 어드바이스

유행 음원도 화제성 콘텐츠를 만드는 효과적인 방법이 될 수 있다

유행 음원을 사용하는 것도 화제성의 좋은 방법이 될 수 있다. 사람들은 '아는 맛'을 좋아한다. 예를 들어 아는 노래가 나오면 멈칫하고 생각한다. '이 노래 들어봤는데?' '이 노래 뭐더라?' 그러면서 더 머물기도 하며 이 콘텐츠는 이 음악에 무슨 이야기를 할지 궁금해하기도 한다. 또, 핫한 음원의 박자에 맞춰 영상 화면을 전환하게 하는 것도 좋은 방법이다. 박자에 맞춘 콘텐츠는 사람들이 쾌감을 느끼고 재미있어하기 때문이다.

7. 판매도 해야죠, 제품 콘텐츠

제품을 판매하는 사장님들에게는 SNS가 최고의 홍보 수단이다. 그렇다 보니 그냥 제품 사진을 찍어 올리기만 하는 사장님들도 많다. 하지만 SNS에서 노골적인 판매 페이지는 사람들에게 외면을 받는다. 사람들은 자신이 원해서 지갑을 여는 것은 괜찮지만, 누군가 사라고 강요하거나 팔려고 하는 것은 무척 불편하게 생각한다. 무엇보다 판매하는 상품만 올리는 계정은 사람들이 계속 봐야 할 이유가 없어서 팔로워를 모으기가 쉽지 않다. 이런 이유로 우리는 판매를 위한 제품은 다음과 같이 전략적으로 보여줄 필요가 있다.

첫 번째 간접적으로 보여주기

메인 주제를 제품 판매가 아니라 사업(판매)을 하는 '내 이야기'로 잡는 것이다. 내 이야기를 하면서 영상에는 제품을 사용하는 모습, 제품을 만드는 모습, 제품을 포장하는 모습, 제품을 판매하는 모습 등을 자연스럽게 노출하는 것이다. 사람들에게 사라고 하는 메시지가 아닌 가게를 운영하는 이야기를 하다 보면 자연스럽게 제품을 이야기할 수밖에 없다. 영상에는 시각적으로 제품을 보여주고, 청각적으로는 사람들이 알 수 없었던 비하인드 스토리를 풀어낸다면 부담 없이 제품을 보게 되고, 이를 보다 보면 제품에 관심을 갖게 될 것이다. 절대 대놓고 팔지 말자. 대놓고 보여주지 말자. 사람들에게 스며들 수 있도록

'나'와 함께 보여주자. 그게 더 오래가고 오래 남는다.

경기도 외곽의 조용한 동네에 있는 식물가게의 20대 사장님이 운영하는 '맥시멀그린'(@maximal_green_) 인스타 계정이 있다. 이 사장님은 맥시멀그린 계정을 통해 본인의 이야기를 들려주며 식물 가게에서 일하는 자신의 모습과 판매하는 상품을 간접적으로 보여준다. 본인의 얼굴은 나오지도 않는다. 늘 일하는 뒷모습과 제품을 만지는 손만 나왔을 뿐인데도 20대 사장님의 생각이 담긴 콘텐츠는 대박이 났고, 그와 함께 온라인 주문도 대박이 났다. 그렇게 온라인 주문을 포장하고 발송하는 모습까지도 콘텐츠가 되었다. 제품 이야기가 하고 싶어 근질근질하겠지만 참아야 한다. 팔지 않으려 할수록 팔리게 되는 역설을 깨달아야 한다.

[그림 14] 맥시멀그린의 숏폼

두 번째 제품으로 문제를 해결하는 장면을 보여주기

제품만 보여주며 이 제품의 기능과 장점을 말로, 텍스트로 아무리 외쳐봤자 봐주는 사람은 몇 되지 않을 것이다. 기능과 장점을 구구절절 말하지 말고 그냥 한방에 시각적으로 보여주자. 사용하는 방법과 누군가 문제를 해결하는 모습을 보여주자. '백문이 불여일견'이라는 말이 있다. 백 번 듣는 것보다 한 번 보는 게 낫다는 말이다. 아무리 좋다고 말해도 소용없다. 얼마나 좋은지 보여주는 콘텐츠를 만들자. 그 제품으로 어떤 문제를 해결할 수 있는지 보여주자. 두 눈으로 효과를 확인한 사람은 제품에 관심을 갖기 시작할 것이다. 요리 콘텐츠를 올리는 계정에서는 직접 만드는 요리가 바로 제품이 된다. 잘 되는 요리 계정의 공통점은 그 요리를 직접 먹으며 감탄사를 뱉는다는 것이다. 직접 먹어보며 맛있음을 온몸으로, 표정으로 표현하는 그 모습에 사람들은 레시피를 신뢰하게 된다. 직접 제품을 이용하는 모습을 보여주면 신뢰와 관심이 한 방에 높아질 것이다.

세 번째 다양한 영상편집 효과를 이용하기

이제는 누구나 영상을 편집하는 시대가 됐다. 조금만 배워도 기본적인 영상편집은 물론 다양한 효과를 활용한 영상편집도 충분히 할 수 있다. 나 또한 영상편집 초보였지만, 2년 가까이 인스타에서 400개가 넘는 영상 콘텐츠를 제작했다. 이 과정에서 자연스럽게 실력이 늘었고, 고난도의 스킬도 사용할 수 있게 되었다. 제품만 보여줘서는 승산이 없다. 사람들은 내 제품을 궁금해하지 않는다.

그렇다면 어떻게 하면 궁금하게 할 수 있을까? 바로 재미를 함께 주는 것이다. '우와!'라는 감탄사가 저절로 나올 만한 영상편집 효과를 사용해서 제품을 보여주자. 사람들은 그 신기한 편집 효과를 보느라 영상에 집중할 것이고 자연스럽게 제품에 시선이 갈 것이다. 신기한 편집 효과를 보고 재미를 느끼고 보다 보니 제품도 보이는 것이다. 이런 방식으로 화제를 끌어 몇백만, 몇천만 뷰를 달성한 업체도 아주 많다. SNS에 올리는 콘텐츠 하나하나가 내 제품을 홍보하는 홍보물이라고 생각하고 대충 만들지 말자. 성의있게 재미있게 만든 제품 콘텐츠는 사람들의 마음을 타고 멀리멀리 퍼져나가 찐 고객들을 데려올 것이다.

8. 사람을 불러들이는 이벤트 콘텐츠

SNS는 사람이 모이는 곳이다. 사람들이 내 계정에 많이 모일수록 좋다. 과연 내 계정에 사람을 많이 오게 하려면 어떻게 해야 할까? 콘텐츠가 떡상하면 자연스럽게 많이 모이겠지만, 이벤트를 통해 의도적으로 사람을 모을 수도 있다. 실제로 이벤트를 통해 대박이 난 계정도 심심치 않게 보이기도 한다. 그럼 어떤 이벤트를 해야 사람이 모일까?

첫 번째 추첨을 통해 무료로 선물을 주는 이벤트

사람들은 생각보다 공짜를 좋아한다. 내가 필요하든 필요하지 않든 무료로 뭔가 준다고 하면 일단 받고 보는 게 사람의 심리다. SNS마다 일정 구독자 수를 돌파하면 선물을 주는 이벤트를 많이 한다. 이렇게 무료로 선물을 주는 이벤트는 늘 사람들에게 환영받는다. 팔로워 수처럼 명분을 내세워 이벤트를 할 수도 있지만, 아무 명분도 없이 그냥 퍼주는 계정도 꽤 많이 볼 수 있다. 나 또한 책스타그램을 운영하며 다 읽은 책을 나눔 하는 콘텐츠를 올린 적도 있고, 자기계발 플래너를 직접 제작해서 콘텐츠로 만들고 무료로 나눔 한 적이 있다. 그때마다 꽤 많은 사람이 참여했고, 많은 팔로워가 유입되곤 했다.

하지만 무조건 뭔가를 준다고 해서 다 좋은 것이 아니다. 주는 것도 현명해야 한다. 사람들이 진짜 원하는 것을 줘야 하고, 내가 뭔가를 나눔으로써 얻을 이미지도 생각해야 한다. 나는 책 계정이었기 때문에 팔로워도 책을 좋아하는 사람이 많았다. 그래서 책을 좋아하는 사람에게 책을 나누는 것은 원하는 것을 주는 일이었기 때문에 반응이 좋을 수 있었다. 또, 책 나눔 이벤트는 책스타그램이라는 내 정체성을 지키면서 흥행하는 콘텐츠가 될 수 있었다.

창원에서 헬스 PT를 하는 트레이너분이 운영하는 운동 계정 '오성'(@5ive_stars_)에서 이런 이벤트를 했다. 자신이 몸무게를 감량하겠다는 목표를 선언했고, 언제까지 이를 달성하지 못하면 댓글을 달아준 모든 분께 치킨을 쏘겠다는 내용이었다. 삽시간에 많은 사람이

[그림 15] 오성의 이벤트 숏폼

먹고 싶은 치킨을 브랜드 이름과 함께 댓글을 달기 시작하면서 이 콘텐츠는 435만 뷰를 기록했다. 계정 초반이었지만 높은 조회 수를 기록하며 많은 팔로워가 유입됐을 것으로 예상된다. (치킨을 쐈다는 콘텐츠가 없는 걸 보니 이 이벤트는 성공한 것 같다) 게다가 이 계정은 이벤트로 화제를 모은 것뿐만 아니라 앞에서 말한 변화 콘텐츠도 잘 활용하여 매번 매우 높은 조회 수를 기록하기도 했다. 자신의 체형 변화를 섬네일과 영상 속에 넣어 시각적으로 시선을 끌고, 신뢰까지 얻으며 1,000만이 넘는 조회 수를 기록했다.

두 번째 재능기부 이벤트

재능기부 이벤트는 무료 상담이나 강의 등 내가 도와줄 수 있는 것을 나누는 것으로 내 전문성을 홍보하는 아주 좋은 수단이다. 이런 것이 바로 현명하게 나누는 것이다. 재능기부 콘텐츠를 피드 상단에 고정해 두면, 굳이 전문성이 있다고 구구절절 설명하지 않아도 내 전문성을 한 번에 알아보고 내 계정을 처음 방문한 사람이 곧바로 나를 팔로워 할 확률이 높다. 사람들에게 '돈' 대신 '시간'을 써보자.

세 번째 챌린지 이벤트

참여하는 사람에게 혜택이 갈 수 있는 챌린지를 시작하고 참여를 유도해 보자. 그렇게 하면 참여한 사람은 챌린지를 즐기며 자신의 SNS에 올리면서 바이럴 마케팅 효과까지 얻을 수 있다.

어느 날부터 성수동에 있는 한 꽃집 계정이 갑자기 핫해지기 시작했다. 이유는 꽃집 계정인데 계속해서 춤추는 영상이 올라왔기 때문이다. 매장 CCTV로 촬영한 영상에는 손님으로 보이는 사람과 꽃집 주인이 춤을 추고 있었다. 이 광경을 본 사람들은 매우 재미있어했다. 하지만 더 재미있는 건 사람들이 이 챌린지에 참여하기 위해 꽃집을 찾아가기 시작한 것이다. 갑자기 들이닥쳐서 춤을 추고 가는 사람들, 그런 사람과 함께 춤을 추는 사장님, 그걸 촬영하는 매장 CCTV의 완벽한 조화로 매일 100만 조회 수는 기본, 1,500백만 조회 수까지 기록하곤 했다. 이 챌린지는 연예인들도 많이 따라 하며 한때 선풍적인 인기를 끌었다.

알고 보니 꽃집 사장님은 뮤지컬 배우 출신으로 이 챌린지를 어떤 의도를 갖고 시작한 것이 아니라 친구들과 찍은 춤 추는 영상으로 우연히 이 챌린지를 시작했다고 한다. 이 사장님은 챌린지로 유명해진 후에 각종 대기업과의 콜라보는 물론이고 소속사까지 생겨났다. 지금 이 스토리에 꽃집 매출 이야기는 빠졌지만, 사람이 모이는 곳에 매출이 없을 리 없다. 사실 이 정도면 꽃집을 안 해도 될 정도의 인플루언서가 되었다고 봐도 무방하다. 이 이야기의 주인공은 꽃집 '비틀즈뱅크'(@beatles_bank)의 조은별 사장님이다. 이것이 바로 진정한 퍼스널 브랜딩 아닐까 싶다. 다른 지역의 가게도 이 챌린지를 많이 따라 했고, 따라 한 가게의 콘텐츠도 다 대박이 났다.

화제성 있는 챌린지를 이벤트로 만들어 사람을 모아보자. 그리고 그것을 콘텐츠로 만들어 더 많은 사람을 불러들여 보자. 사람들이 있는 곳엔 돈이 있다.

9. 내 이야기 콘텐츠

앞에서 정말 많이 이야기했지만, 정보성이든, 재미든, 제품이든 결국 나를 빼고 콘텐츠를 지속해서 올리다 보면 어느 순간 현타가 올 수밖에 없다. SNS는 결국엔 나를 위한 것이 되어야 한다. SNS에 쓴 시간과 콘텐츠는 내 목표에 기여해야 한다. 별생각 없이 휘발되는 콘텐츠만 만들다 보면, 어느 순간 무엇을 위해 SNS를 하는지 고민하게 될 것이다. 그래서 콘텐츠 안에는 내가 있어야 한다. 내 이야기를 해야 하고, 내가 드러나야 한다.

나는 2년 가까이 인스타를 하며 많은 동료를 만났다. 인친을 만나 이런저런 얘기를 나누다 보면 이런 고민을 많이 한다. "내 얘기를 못하겠어요." 하지만 몇만, 몇십만 되는 계정도 자신의 이야기가 없다면 언젠가는 특이점이 찾아온다. 계정을 키우기만 하면 될 것 같아서 열심히 몸집은 키웠지만, 자신이 드러나 있지 않으니 그 계정으로 할 수 있는 것이 아무것도 없게 되고 만다. 결국에는 계정을 버리지도, 유지하지도 못하는 힘든 상황을 맞닥뜨릴 수밖에 없다. 나는 이런 사람을 심심치 않게 볼 수 있었다. 그래서 계정을 키우는 초반부터 내 이야기를 할 수 있어야 한다. 내 얼굴이 드러나면 더더욱 좋다.

정보를 주더라도 내가 겪은 일을 함께 이야기해 보자. 내가 해보고 느낀 것을 말해보자. 내가 정보를 통해 얻은 변화를 이야기해 보자. 사람들은 정보가 필요하지만, 한편으로는 그 정보에 대한 확신도 필요로 한다. 재미를 주더라도 어디서 퍼온 거 말고, 내가 창작하거나 내가 출연해 보자. 제품만 올릴 게 아니라 그 제품을 만들면서 했던 내 생각을 공유해 보자. 내 매장을 홍보하더라도 매장에서 열심히 일하는 내 모습과 내 생각을 이야기해 보자. 나를 보러 매장에 찾아오는 찐팬은 이렇게 만들어진다. 새로운 내 콘텐츠에 늘 관심을 갖고 댓글을 달아주는 사람은 이렇게 생겨난다. 정보성이 구독자를 모으는 좋은 전략임은 확실하지만, 사람의 마음을 사는 것은 결국 사람이다.

앞에서 얘기한 괴산 카페 사장님처럼 자기 생각을 이야기하며 팬을 모을 수도 있고, 자신의 끼를 보여주는 것도 좋다. 연기를 잘하고, 춤을 잘 추는 것도 나의 강점이며 나의 매력 포인트가 된다. 나의 그런 유쾌하고 재미있는 모습이 좋아 팬이 될 수도 있다.

통영에서 음식점을 하는 사장님이 있다. 이 사장님이 운영하는 인스타 계정 '귀농이'(@_farmdiary)엔 자신이 파는 음식 사진이 없다. 같은 요식업 자영업자가 공감할만한 순간을 연기로 표현하며, 춤을 추기도 하고 자신의 끼를 마음껏 발산하기도 한다. 이분의 본업은 음식점 사

[그림 16] 귀농이의 내 이야기 콘텐츠

장이지만, 내 이야기 콘텐츠로 자영업자와 공감하고 대중에게는 자신의 매력을 보여줬다. 그러자 사장님이 유명해지면서 자연스럽게 가게에 찾아오는 사람이 많아졌다. 이렇게 내 이야기 콘텐츠로 퍼스널 브랜딩이 되면, 음식점을 운영하는 사장님 계정에 본인이 파는 음식 사진이 하나도 없어도 손님이 생긴다.

앞에서 자영업자의 사례를 많이 소개했지만, 개인도 자신을 보여줌으로써 세상에 필요한 존재가 될 수도 있다. 지극히 평범한 직장인도, 주부도 자신의 매력 포인트를 살리거나 생각을 공유하며 팬을 모을 수 있다. 나 또한 생각과 경험을 공유하며 성장했다. 14년 동안 1인 사업을 하며 느낀 것을 이야기하기 시작했고, 사업 과정과 그 속에서 배운 것을 통해 팔로워를 쌓아나갔다. 잘 된 이야기보다는 실패를 통해 배운 이야기, 14년 사업을 하며 느낀 것, 후회되는 것을 릴스로 만들며 6개월 만에 1만 팔로워를 늘리기도 했다. 그러자 내 생각에 공감하고, 내 생각을 배우고 싶은 1인 사업자와 예비 창업자가 내 계정에 많이 찾아오기 시작했다. 사람들은 나에게 이런 이야기를 많이 했다. "리지팍님은 항상 경험을 이야기해 주셔서 너무 좋아요."

실패나 실수를 공유하며 인간미 있는 모습을 보여주고, 내 주제와 관련된 나의 신념을 보여주자. 나의 신념과 생각을 보며 공감하는 사람이 내 계정에 계속 모이게 될 것이고, 그들이 곧 찐팬이 된다. 1,000명의 뜨내기 구독자보다 10명의 찐팬이 낫다. 나를 항상 응원해 주고, 내 제품에 관심을 보여주는 사람은 결국 찐팬이기 때문이다.

리지팍의 어드바이스
생각을 계속할 때 콘텐츠 아이디어가 샘솟는다

아이디어는 사전적 의미로 '어떤 일에 대한 구상'이다. 말 그대로 어떤 일에 대해 생각하는 것이다. 아이디어가 없는 사람은 대부분 생각이 멈춰 있다. 콘텐츠 아이디어는 콘텐츠에 관해 끊임없이 생각하는 과정이다. 많은 사람이 생각하는 것을 귀찮아한다. 그래서 아무 생각 없이 사는 대로 생각하며 또 그렇게 살아간다. 하지만 인생을 바꾸고 원하는 인생을 살아가는 사람은 대부분 생각을 먼저 하고, 생각한 대로 살아간다. 생각하는 것이 귀찮다면 이쯤에서 이 책을 덮어도 좋다. 콘텐츠를 지속해서 잘 만들고 싶다면 다양한 관점으로 생각해 봐야 한다. 생각의 폭을 계속 넓혀 나가는 연습도 필요하다. 생각을 멈추는 순간 콘텐츠는 고갈된다.

03
숏폼 기획 3단계
- 대본 쓰기

숏폼에서 사람들이 정말 어려워하는 것이 바로 대본 쓰기다. 글을 잘 쓰는 것과 대본을 잘 쓰는 것은 또 다른 문제다. 책을 쓰거나 블로그에 글을 쓰는 것과는 포인트가 완전 다르기 때문이다. 책이나 블로그 글은 자세히 서술해도 괜찮다. 하지만 숏폼에서 구구절절 말하는 것은 아무도 듣지 않는 혼잣말이나 다름없다.

대본은 일반 글과 다르다. 대본은 말하기 위해 존재한다. 아무리 잘 쓴 글도 그대로 말로 전달하면 어색할 때가 있다. 그래서 대본은 읽었을 때 매끄럽게 써야 한다. 잘 읽히게 써야 한다. 말하듯이 써야 한다. 우리는 사실 대본을 써본 적이 거의 없다. 글짓기를 하거나 독후감은 써 봤어도 대본은 써본 적이 없어서 당연히 어려울 수밖에 없다. 그렇다면 사람들이 듣기 좋게 말하듯이 대본을 쓰려면 어떻게 해야 할까?

1. 짧게 쓰기

'제가 그래가지구 그랬는데 이래서 이래가지구 저랬는데 저래서 그랬는데 어쩌구저쩌구 ….'

말을 못 하는 사람은 말이 너무 길고 장황하다. 한마디로 말이 정리가 안 되는 것이다. 문제는 이렇게 말하면 듣는 사람도 집중할 수가 없다. 말의 요지, 핵심을 파악하기가 어렵고 듣다 보면 굉장히 지루할 수밖에 없다. 숏폼에서는 1분 안에 끝나는 짧은 시간 동안 사람을 집중시켜 빠져나가지 못 하게 해야 한다. 따라서 한 문장은 20자 내외로 쓰자. 짧게 치고 나가며 임팩트를 주어 집중력을 높여야 한다. 다시 한번 말하지만, 구구절절은 위험하다.

〈구구절절한 대본〉
나는 서른아홉 늦은 나이에 인스타를 시작했고, 인스타를 시작하며 패기 넘치고 열정적인 20대들을 보며 두렵기도 했지만, 생각한 끝에 그들에게는 없는 경험을 콘텐츠로 만들기로 했고, 1년 만에 1만 팔로워를 달성할 수 있게 되었다.

〈짧은 문장의 대본〉
39살, 인스타 솔직히 자신이 없었다.

20대들의 열정과 패기에 두려움이 앞섰다.

그래서 생각했다.

그들에겐 없고 나에게는 있는 강점은 뭘까? 바로 경험이었다.

그들에겐 아직 없고 나에게만 있는 것은 경험이었다.

경험을 콘텐츠로 만들기 시작한 지 1년, 나는 40이 되기 전에 1만 팔로워를 만들 수 있었다.

가끔은 끝마무리를 하지 않아도 괜찮다. 오히려 박진감 넘치는 분위기를 줄 수도 있다. 보는 사람이 기분 나쁘지 않은 선에서 혼잣말 같은 반말을 넣어주는 것도 좋은 방법이다.

이거 진짜 대박이에요 → 이거 진짜 대박!

완전 강추 드려요 → 완전 강추!

진짜 말도 안 되는 것 같아요 → 진짜 말도 안 돼!

저만 몰랐던 것 같아요 → 나만 몰랐네?

이렇게 짧고 임팩트있게 대본을 만들어 보자. 훨씬 잘 읽히고, 잘 들릴 것이다.

2. 쉽게 쓰기

쉽게 쓴다면 어느 정도로 쉽게 써야 할까? 많은 책에서 이야기한다. 초등학생도 이해할 수 있을 정도로 쉽게 쓰라고. 내로라하는 전문가들이 SNS, 특히 숏폼에서 활동하기가 어려운 이유는 쉽게 쓰기가 쉽지 않기 때문이다. 이미 너무 많은 지식을 갖고 있다 보면, 쉬운 수준을 파악하기가 어렵다. 그래서 '이 정도는 당연히 알겠지?'라고 생각한다. 아니다. 바로 '이 정도' 수준으로 이야기해야 한다. 어려운 단어를 대중적인 쉬운 말로 바꿔야 한다. 전문 용어를 쓰면 전문가로 인정받을 거란 생각은 착각이다. 진짜 전문가라면 쉽게 설명할 수 있어야 한다. 쉽게 설명할수록 더 많은 대중에게 다가갈 수가 있다.

사람들은 숏폼을 보다가 어려운 단어나 모르는 단어를 만나면 바로 이탈해 버린다. 절대 궁금해하지 않는다. 사람들은 대부분 자신이 조금이라도 아는 것에 반응한다. '어? 이거 내가 아는 얘긴데?' 하면서 궁금해하거나, '어? 내가 아는 건데, 내가 아는 게 맞나?' 하며 확인하는 마음으로 숏폼을 본다. 내가 아는 게 맞다는 것에, 내가 뭔가 알고 있다는 것에 왠지 모를 뿌듯함을 느낀다. 그래서 조금이라도 알만하게 말해야 한다. 그래야 이탈하지 않고 콘텐츠를 끝까지 소비한다.

저는 강연가가 되고 싶어 퍼스널 브랜딩을 시작했어요.
→ 저는 강연가가 되고 싶어 인스타를 시작했어요.

→ 저는 강연가가 되고 싶어 유명해지기로 했어요.

퍼스널 브랜딩도 아는 사람만 아는 용어이기 때문에 그대로 쓰는 것보다 좀 더 쉽게 이해할 수 있도록 바꿔주면 좋다.

특히 자영업을 하는 사장님 중에 제품 용어를 그대로 쓰는 경우가 많다. 예를 들어 반영구에 쉐도우 기법, 왁싱에 슈가링 왁싱, …, 등 피부관리 쪽으로 가면 정말 많은 제품 용어가 있다. 여자인 나조차도 다 알 수 없는 이런 용어를 콘텐츠에 그대로 쓴다면, 사람들은 뭐가 뭔지 하나도 모를 것이다. 내 수강생 한 분이 '슈가링 왁싱의 특징'이라는 콘텐츠를 만든 적이 있다. 슈가링 왁싱을 모르는 사람이라면 이탈할 확률이 거의 99%다. (엄청나게 호기심이 많은 극소수 사람은 볼 수도 있다) 그래서 슈가링 왁싱을 숏폼에서는 전혀 언급하지 않으면서 평소 왁싱을 해보고 싶지만 망설이던 사람이 반응할만한 콘텐츠로 바꿔버렸다.

'예민한 피부도 할 수 있는 저자극 천연 왁싱이 있다고?'

콘텐츠는 친절해야 한다. 더 많은 사람이 보고 싶도록 친절해야 한다. '이런 것도 몰라?'라고 생각하지 말고 '이런 것도 모를 수 있으니 알려줘야지.'라고 생각해야 한다. 어려운 말은 어려운 말이 필요한 자리에서 쓰면 된다. 콘텐츠는 쉽고 친절할수록 인정받고 사랑받는다.

3. 결론 앞세우기

　사람들은 예전보다 인내심이 많이 사라졌다. 기다려주지 않는다. 또, 시간을 중요한 가치라고 생각한다. 따라서 다른 사람의 시간을 아껴주기 위해 이제는 결론을 초반에 말해야 한다. 결론이 궁금해서 끝까지 보게 하는 건 이제 옛날에나 먹혔던 전략이다. 유튜브 롱폼도 인기 있는 콘텐츠는 가장 하이라이트 부분을 초반에 공개해 버린다. 대박 난 드라마 중에도 범인을 꼭꼭 숨기기보다 초반에 보여주고 시작하기도 한다. 이제 흐름이 바뀐 것이다.

　초반에 결론으로 시선을 집중시키고, 왜 그런 결론이 났는지를 궁금하게 만들어야 한다. 또는 결론까지 가는 과정을 보여주면 된다. 결론만 듣고 이탈하는 사람도 있지만, 사람들은 '왜' 그런 결론이 났는지를 궁금해하는 경우가 많다. 그리고 '왜'를 해소해 주면 시청 지속 시간이 긴 좋은 콘텐츠가 된다. 이제는 결론을 듣고 선택하는 것이다. 이 콘텐츠를 계속 볼지 말지를.

　1만 팔로워 되고 싶다면 절대 하지 마세요. '타 플랫폼 로고' 노출입니다.

　26살에 시작했던 사업이 2달 만에 월 1억 매출을 찍었어요. 그리고 3년 뒤 빚 7,500만 남기고 폐업하게 됩니다.

이미 콘텐츠 초반에 결론을 줬다. 사람들은 궁금하면 더 볼 것이고, 궁금하지 않다면 이탈할 것이다. 타 플랫폼을 '왜' 노출하면 안 되는지 궁금할 것이고, 2달 만에 월 1억 매출을 찍었던 사업이 3년 뒤 '왜' 빚만 남기고 폐업했는지가 궁금해서 보게 될 것이다. 결론을 먼저 주고 궁금하게 만들자. 사람들의 인내심은 그리 길지 않다는 것을 기억하자.

4. 반복하지 않기

주변에 꼭 이렇게 말하는 사람이 있다. 했던 말을 또 하고, 또 하고, 또 하는 사람. 이런 사람의 말을 듣고 있으면 너무 지루하고 피곤하다. 계속 같은 말을 듣고 있다 보면 마구 짜증이 올라온다. 우리의 콘텐츠가 누군가에게 피곤하고 짜증을 유발해서는 안 된다. 따라서 대본에서는 같은 단어나 문장을 최소화해야 한다. 대본 안에 같은 단어가 너무 많이 반복돼서도 안 되고, 했던 말을 또 해서도 안 된다. 아까운 시간만 잡아먹을 뿐이다. 숏폼은 시간이 생명이다. 1분짜리 콘텐츠라고는 했지만, 실질적으로 30~40초로 만드는 경우가 많다. 굳이 했던 말을 또 해가며 시간을 늘릴 필요가 없다. 숏폼은 시청 지속 시간이 중요한 척도이기 때문이다. 이렇게 하려면 대본을 일단 편하게 쓴 다음 반복된 단어가 많다면, 이를 최소화하는 작업을 해야 한다. 비슷한 맥락의 이야기가 중복된다면 다 빼버려야 한다.

〈수정 전 대본〉

저는 강연가가 되고 싶어 인스타 브랜딩을 시작했어요.

인스타 브랜딩을 하면서 정말 포기하고 싶은 적도 많았어요.

하지만 인스타 브랜딩은 저에게 마지막 희망이었어요.

저는 강연가가 되고 싶었고, 그러기 위해서는 유명해져야 했어요.

그래서 인스타 브랜딩을 시작했고, 1년 만에 1만을 달성하며 본격적인 강의 활동을 시작하게 되었습니다

〈수정 후 대본〉

저는 강연가가 되고 싶어 인스타 브랜딩을 시작했어요.

포기하고 싶은 적도 많았지만, 인스타는 저에게 마지막 희망이었습니다.

강연가가 되려면 유명해져야 했기 때문이에요.

결국 1년 만에 1만을 달성했고, 본격적인 강의 활동을 시작하게 되었습니다.

중복되는 단어를 빼도 충분히 말이 이어진다. 했던 말을 또 하지 않아도 전체적인 맥락에서 이해가 되기 때문에 과감하게 빼도 괜찮다. 이렇게 중복되는 단어와 문장을 빼고 나면 대본이 담백해지고 임팩트

가 생긴다. 듣는 사람도 지루하지 않게 된다. 때로는 더하기를 잘하기보다 빼기를 잘했을 때 좋은 결과가 나온다. 숏폼 대본도 그렇다.

5. 접속사 줄이기

'그리고', '그래서', '그런데', '하지만', 그래서', '근데', '그러나', …

아마 자신도 모르게 글을 쓰며 접속사를 남발하는 사람도 있을 것이다. 하지만 앞의 문장과 매끄럽게 연결하려고 넣은 접속사가 오히려 대본을 지루하게 만들 수 있다. 또, 쓸데없이 시간을 잡아먹는 요인이 된다. 접속사가 빠지면 어색할까 봐 걱정할 수 있는데, 오히려 구구절절해지지 않고 담백해진다. 접속사를 빼고 읽어보자. 읽었을 때 어색하지 않다면 괜찮은 것이다.

〈접속사가 많은 글〉
최악의 강의 평가를 받았어요.
자영업자분들께 했던 숏폼 강의였어요.
그런데 한 분이 수두룩한 1점을 주셨더라고요.
그리고 이런 후기도 나왔어요.
'결국 실습과 실행을 계속 반복해야만 한다는 것인가요?'

그런데 이 후기를 보니 제가 제대로 강의했다는 생각이 들더라고요.
네 맞습니다!
실습과 실행을 반복할수록 좋은 콘텐츠가 나옵니다.
그리고 이건 콘텐츠뿐만 아니라 인생의 모든 것이 그렇더라고요.

〈접속사를 뺀 글〉
최악의 강의 평가를 받았어요.
자영업자분들께 했던 숏폼 강의였어요.
한 분이 수두룩한 1점을 주셨더라고요.
이런 후기도 나왔어요.
"결국 실습과 실행을 계속 반복해야만 한다는 것인가요?"
이 후기를 보니 제가 제대로 강의했다는 생각이 들더라고요.
네 맞습니다!
실습과 실행을 반복할수록 좋은 콘텐츠가 나옵니다.
이건 콘텐츠뿐만 아니라 인생의 모든 것이 그렇더라고요.

어떤가? 접속사를 다 뺐음에도 전혀 문제가 되지 않는다. 불필요한 접속사를 남발할수록 대본은 지저분해질 수 있다. 오히려 접속사가 빠지니 대본이 간결해짐을 느끼게 될 것이다. 불필요하게 시간을 잡아먹는 요소를 다 빼야 한다. 빼기의 미덕은 접속사에도 해당한다.

6. 초반 2초 사로잡기

숏폼에서 처음 1~2초가 중요하다. 처음 1~2초 안에 사람들의 마음을 사로잡아야 한다. 그렇게 하려면 대본 초반에 어떤 멘트를 던지는지가 매우 중요하다. 한 마디만 듣고 사람들은 계속 볼지 말지를 결정하기 때문이다. 그래서 대본 초반에 절대 '헛소리'를 넣으면 안 된다. 내가 하고 싶은 말을 맨 앞에 넣으면 절대 안 된다. 사람들이 듣고 싶은 말을 제일 먼저 넣어야 한다.

〈많은 사람이 실수하는 초반 멘트의 예〉
- 안녕하세요. ○○○입니다.
- 여러분~ 안녕하세요~
- 제가 오늘 이야기할 주제는~
- 오늘은 제가~
- 반갑습니다. 저는~

대표적으로 이렇게 인사로 시작하는 경우가 많다. 예의 바르게 인사하는 순간 사람들은 이탈해 버린다는 것을 명심하자. 사람들이 듣고 싶은 것은 인사가 아니다. 자신들이 원하는 이야기이다. 그렇다면 어떻게 시작해야 할까?

〈좋은 초반 멘트의 예〉

- ~ 하는데 이거 아직도 모르셨나요?
- 와, 이걸 몰랐다니!
- 제발 하지 마세요.
- 요즘 ~ 한 사람들은 다 쓴다는 이거 아시나요?
- (유명한) 누구도 쓴다는(한다는) ~, 저도 해봤습니다.
- ~ 할 때 있으시죠?
- 여기 진짜 미쳤습니다.
- 모르면 무조건 손해를 보는 ~ 리스트 가져왔습니다.
- ~ 하고 땅을 치고 후회했어요.
- (유명한 또는 권위자)가 알려준 ~ 하는 노하우 공개합니다.

이런 식으로 초반에 많은 사람이 집중할 수 있도록 임팩트 있는 멘트를 날려야 한다. 첫 멘트를 보고 모르면 안 될 것 같은 불안감을 주거나, 뭔가 내 문제를 해소해 줄 것 같은 기대감을 줘야 한다. 권위자나 유명인을 세워 신뢰도를 높여 사람들이 더 집중하게 할 수도 있다. 또는 자신이 직접 경험하고 느낀 것을 어필하며 궁금증을 유발하는 것도 좋은 방법이다. 기억하자. 절대 인사로 시작하지 않기.

7. 궁금하게 만들기

이 방법은 쇼츠나 클립에서는 쓰기 어렵지만, 릴스에서는 매우 좋은 방법이다. 영상과 영상 대본에 모든 내용을 담지 않는 것이다. 릴스는 한때 짧은 영상이 크게 유행한 적이 있었다. 물론 지금도 짧은 영상은 좋은 전략이다. 사람들이 심리적으로 긴 영상을 보는 것을 힘들어하면서 더욱더 짧고 자극적인 영상을 찾기 때문이다. 유튜브 쇼츠나 네이버 클립에는 설명란을 보기가 어렵게 되어 있지만, 릴스는 조금 다르다. 캡션(본문)에 추가 설명을 할 수 있어서 영상에서 간결하게 핵심만 정리하고 캡션을 활용해서 자세한 내용을 전달할 수 있다. 인스타는 초기부터 사진과 글을 함께 제공하는 플랫폼이었기 때문에 이용자들이 필요하다면 글을 읽을 마음의 준비가 되어 있다.

'자세한 내용은 캡션을 확인하세요!'
'궁금하다면 본문 확인!'

릴스에서 이런 멘트를 본 적이 있을 것이다. 영상을 짧게 가져가면서 자세한 정보는 캡션을 통해 전달하는 방식이다. 짧은 영상은 시청 지속 시간과 다시 보기 수를 늘리기 좋아서 시작된 전략으로, 심지어 제목과 캡션 확인만 달랑 있는 영상을 만들기도 한다. 사실 나는 개인적으로는 이런 영상을 별로 좋아하진 않는다. 적어도 영상 안에 전달하려는 내용을 어느 정도 담을 수 있는 사람이 진정한 크리에이터라고 생각한다. 이는 빠른 성공과 팔로워 수에 연연하다 보니 생긴 현상인데, 이렇게 가볍고 빠르게 쌓아 올린 팔로워는 무너지는 것도 빠르다. 그래서 영상에는 최소한 전달하려는 핵심 메시지가 있어야 한다. 핵심 내용은 영상 안에 포함하되 자세한 내용을 캡션으로 빼면 된다. 만약 전체 내용이 너무 길어서 1분 안에 표현하기 어려운 경우, 영상 대본에서는 간략하게 궁금증을 유발하고, 궁금증을 해소하려면 캡션을 확인해달라고 요청하는 것이 좋다.

'궁금하게 만들기'는 내가 1인 사업으로 리브랜딩을 하며 썼던 전략이기도 하다. 제목으로 궁금증을 유발하고 볼만한 핵심 내용을 나열해서 한 번 더 궁금증을 유발했다. 그렇게 올렸던 콘텐츠가 30만, 80만, 100만을 기록하며 6개월 만에 1만 팔로워를 만드는 데 성공했다. 여러 가지 정보를 한 번에 전달할 때도 영상에서는 가장 중요한 정보만 제공하고 나머지는 캡션으로 유도를 한 적이 있는데, 이 또한 성과가 나쁘지 않았다. 따라서 인스타 릴스에 집중하고 있다면 영상이나 제목으로 궁금하게 만들어 보자. 캡션을 읽는 동안 릴스는 계속 플레이될 것이다.

8. 말하듯이 쓰기

　대본에서는 이 부분이 가장 중요하다. 대본과 일반 글은 엄연히 다르다. 일반 글은 말 그대로 읽기 위한 것이고 대본은 듣게 하기 위한 것이다. 일반적으로 책이나 블로그 글은 눈으로 읽는다. 따라서 눈으로 잘 읽히게 쓰는 것이 중요하다. 곧 가독성이 중요하다. 하지만 대본은 잘 들려야 한다. 그것도 지루하지 않게 들려야 한다. 그렇게 하려면 말하는 사람도 자연스러운 것이 좋고, 억양도 신경 써야 한다. 편하게 잘 들리게 하기 위해서는 대본을 쓸 때부터 자연스럽게 말하듯이 써야 한다. 내 이야기를 하듯이 써야 읽을 때도 어색하지 않다. 일단 편하게 대본을 쓰고 난 뒤 반드시 입으로 읽어보면서 수정해 보자. 눈으로 읽었을 때는 자연스럽게 느꼈던 부분도 막상 입으로 읽을 때는 어색한 경우가 많다. 그리고 평소 쓰지 않는 단어도 말하는 언어로 바꿔야 더욱 편하게 대본을 읽을 수 있다. 대본은 듣는 사람이 편안해야 하고, 말하는 사람도 편안해야 한다. 그래야 자신의 스타일로 목소리를 낼 수 있다.

〈지루하지 않으면서 말하듯이 쓰는 노하우〉
- 간결하게 쓰기 – 문장 길이 조절
- 목소리 톤과 억양 살리기 – 자연스럽게 나만의 톤과 억양으로 말하기

- 문장의 마무리에 변화 주기 – 문장의 끝(~요, ~죠, ~습니다, ~입니다)을 그때그때 섞어 지루하지 않게 하기
- 혼잣말 넣기 – '와우', '헉', '와~' '대박', '미쳤다'와 같은 나만의 감탄사 넣기

9. 시그니처 멘트 넣기

자신의 콘텐츠에 늘 같은 말을 넣는 사람이 있다. 또는 자신을 구독한 사람을 부르는 애칭을 만들어 대본에 넣는 예도 있다. 이 시그니처 멘트는 나를 기억하게 하는 아주 좋은 장치로, 시작할 때마다 넣거나 끝날 때마다 넣어주면 사람들에게 내 계정을 청각적으로 인식시킬 수 있다.

우리는 대부분 숏폼을 작정하고 찾아보는 것이 아니라 우연히 만나게 된다. 숏폼 탭을 누르다 보면 내가 구독하고 있는 계정이 화면에 뜬다. 아무 생각 없이 화면을 보고 있다가 익숙한 멘트가 나오면 순간적으로 '아, 누구구나!'라고 생각하게 되고, 반가운 마음마저 든다. 시그니처 멘트의 힘이다.

예를 들어 앞서 보여드린, 새벽 3시만 되면 배고픈 남편을 위해 야식을 만드는 유튜브 '하뉴' 계정에 나오는 귀여운 아내는 늘 이 멘트와 함께 요리를 시작한다. "저희 남편은 새벽 3시만 되면 배가 고파져요."

그러자 사람들은 이 계정을 새벽 3시에 배고픈 남편을 위해 요리하는 재미있는 계정으로 인식하기 시작했다. 해시태그마저도 '#새벽3시에차리는남편야식'으로 계정의 컨셉을 명확하게 보여준다. 요리의 정보보다는 콘텐츠의 내용이 더 재미있어서 유튜브와 인스타 양쪽에서 구독자가 쌓이면서 이제는 "저희 남편은…." 까지만 말하며 다양하게 변형하기도 한다. '저희 남편은'으로만 시작해도 이미 구독하는 사람은 모두 다 알아보기 때문이다. 계정의 컨셉이 뚜렷하게 잡힌 것이다. 초기에 이렇게 같은 멘트를 통해 계정의 컨셉을 만드는 것도 좋은 방법이다.

다른 예로 핀터레스트 룩을 따라 하는 유튜브 '곰송이'(@gomsongyi) 계정이 있다. 이분은 늘 잠옷으로 나타나 핀터레스트에 있는 이쁜 룩을 따라서 입고는 이렇게 말하며 영상이 끝난다. "출근하쟝!!" 영상 초반에 잠옷을 입은 모습을 시그니처로 시작하고, 끝날 때 외치는 '출근하장!!'이라는 대사에서는 왠지 모를 유쾌함이 느껴진다. 사람들은 그 대사를 듣기 위해 영상을 끝까지 보게 된다. 시그니처 대사에는 이런 힘이 있다.

유튜브에서 "여러분~"을 외치며 핫플을 소개해 주는 훈남을 본 적이 있을 것이다. 정말 평범한(심지어 위에서 영상 초기에 쓰지 말라고 했던) '여러분'이라는 단어는 이 계정의 시그니처가 되었다. 늘 예외는 있다. 단순히 영상에 많이 써서가 아니다. '여러분~'이라고 말하는 톤에 이 사람만의 특색이 있기 때문이다. 이 계정을 아는 사람이라면 쉬운 단어에 이 사람만의 독특한 억양이 느껴지는 '여러분~'이라는 말을 분명 한 번쯤은 따라 해봤을 거로 생각한다. 나 또한 따라 해본 적이 있다. 그래서 이 억양의 콘텐츠가 나오면 자연스럽게 이 계정 주인이 연상된다.

나만의 시그니처 멘트를 만들어 보자. 멋지고 세련될 필요는 없다. 오히려 편하고 쉬울수록 좋다. 사람들이 따라 할 수 있으면 더 좋다. 시그니처 멘트는 나를 한층 더 단단하게 브랜딩해 줄 것이다.

리지팍의 어드바이스
꼭 영상에 음성을 넣어야 할까?

모두가 음성을 넣어 콘텐츠를 만들지는 않는다. 완성도 있게 만들기 위해서는 당연히 음성을 넣는 것이 중요하지만, 음성을 넣는 것이 나의 약점을 두드러지게 한다면 굳이 넣지 않아도 괜찮다. 릴스를 볼 때 소리를 켜지 않고 보는 사람도 많다. 숏폼에는 대부분 음악을 넣기 때문에 음악으로 청각을 커버하고 자막만 달아서 연출하는 예도 많다. 그래서 꼭 '완벽'하게 해야 한다는 생각은 버려도 괜찮다. 편집 실력이 서툴러 1분짜리를 만드는데 5~6시간씩 걸린다면 5초, 10초짜리 텍스트로만 영상을 만들어 보자. 그래도 상관없다. 중요한 것은 내가 할 수 있는 만큼 지속하면서 조금씩 성장하는 것이다.

04
숏폼 기획 4단계
- 영상 촬영하기

    영상 콘텐츠는 시각적으로 보이는 것이기 때문에 숏폼에서 촬영이 어쩌면 가장 중요한 단계일지도 모른다. 가끔 보기 드물게 화려한 효과를 써서 만든 숏폼도 사실은 촬영이 8할이고 편집이 2할이다. 그만큼 기획을 통해 촬영을 제대로 해야 편집이 수월하다는 이야기다. 사람들에게 어떤 것을 보여줄지, 영상을 통해 어떤 메시지를 전달할지 철저히 계획을 세워 내 의도가 잘 담겨질 수 있도록 촬영해야 한다. 그런데 정작 많은 사람이 촬영하는 데 시간을 많이 뺏기고 힘들어하다 기껏 찍은 영상을 편집 과정에서 쓰지 못하는 경우도 많다.

1. 대본과 영상 일치시키기

촬영에서 가장 우선해야 할 일은 영상과 대본을 일치시키는 것이다. 대본에서 하는 말이 영상에 참고 자료로 나오면 사람들의 집중도가 높아진다. 눈과 귀로 한 가지 메시지에 집중할 수 있기 때문이다. 이런 이유로 촬영을 하기 전에 먼저 대본이 준비되어 있어야 한다. 물론 자신의 콘텐츠 형식에 따라 이 순서는 바뀔 수 있다. 예를 들어 나는 짧은 정보성 릴스를 만들 때, 디지털 노마드 1인 사업가의 느낌을 내기 위해 카페에 가서 콘텐츠용으로 쓸 영상을 미리 찍어두곤 했다. 당시 내 콘텐츠 대본은 정보성의 간결한 내용이 영상에 하나씩 튀어나오는 형식이었기 때문에, 글자가 튀어나올 부분에 여백을 주고 내 얼굴이 글자와 겹치지 않게 구도를 잡아 미리 찍어놓고 하나씩 꺼내서 사용하기도 했다.

이렇게 내 콘텐츠 방향에 따라 유연하게 순서를 바꿔도 괜찮다. 하지만 많은 경우 먼저 대본을 쓰고 대본의 섹션마다 들어갈 장면을 따로 구상해야 한다. 그래야 콘텐츠를 수월하게 제작할 수 있다. 아무것도 준비되지 않은 상태에서 촬영하다 보면 의미 없는 영상만 찍게 된다. 최대한 사람들이 내 콘텐츠에 몰입할 수 있도록 자료 화면이 필요하다면 그 부분도 미리 준비할 필요가 있다. 대본을 잘 표현하는 데 필요하다면 연기를 해야 할 수도 있다. 나 또한 여러 번 연기에 도전했지만 쉽지 않았다. 그래서 과감히 연기는 포기했다. 자신이 잘할 수 있는

[그림 17] 텍스트 왼쪽 정렬 구도   [그림 18] 텍스트 및 참고 사진 위쪽 정렬 구도

[그림 19] 콘텐츠 촬영 계획서

것을 해야 한다. 그건 해봐야 알 수 있다.

  대본을 영상으로 잘 표현하기 위해 다양하게 시도해 보자. 그리고 그 과정에서 나에게 가장 잘 맞는 촬영 방식을 찾아보자.

2. 생동감 있게 표현하기

  지금까지 그냥 제품만 대충 찍어 올리고 있다면, 당연히 계정 성장도 어렵고 판매는 더욱 일어나지 않을 것이다. 제품을 대놓고 찍어 올리고 싶다면 제품에 생동감을 줘야 한다. 요식업이라면 음식의 향이 느껴지게 해야 한다. 보글보글 끓는 장면, 숯불의 불빛과 함께 '치이익!' 하면서 고기가 구워지는 소리. 사람들은 이런 것에 반응한다. 보자마자 먹고 싶다는 생각이 들게 해야 한다.

  이렇게 생동감을 넣기 위해서는 의도적인 연출이 필요할 수도 있다. 좀 더 모션을 크게 해야 할 수도 있다. 그래야 영상에는 적당해 보이기 때문이다. 햇빛이나 물을 이용해서 제품을 좀 더 싱그럽고 프레쉬하게 보여줄 수도 있다. 필라테스나 요가, 공간 대여처럼 특정 공간을 보여줘야 한다면 햇빛을 이용해 따뜻한 느낌을 줄 수도 있다. 답답하고 별거 없는 사무실처럼 보이는 공간이라 하더라도 조명을 활용해서 감각적으로 전혀 다른 느낌을 줄 수도 있다.

  어떻게 하면 생동감이 있게 보일 수 있을지 고민해 보자. 한 컷 한

[그림 20] 우와한 갈비탕 쇼츠

컷에 사람들의 구매 욕구를 불러일으킬 수 있도록 해보자. 음식이라면 먹고 싶게 보여줘야 하고, 공간이라면 가보고 싶게 보여줘야 한다. 이렇게 영상에서 생동감이 느껴졌을 때, 사람들은 본능적으로 마음이 움직인다.

아산에 있는 갈비탕집 사장님이 운영하는 '우와한 갈비탕'(@wooahhan) 계정이 있다. 이 사장님은 보기만 해도 먹고 싶다는 생각이 절로 나는 갈비탕 영상을 정말 잘 만든다. 왕갈비가 놓여 있는 뚝배기에서 보글보글 끓는 맑은 국물을 보고 있으면 금방 군침이 돈다. 만약 겨울에 이 영상을 만난다면 정말 한 뚝배기 하지 않고는 못 배길 정도다. 하지만 이것보다 더 시선을 끄는 것은 조리되기 전 갈비를 손질하는 모습이다. 굳이 말하지 않아도 '저희는 싱싱한 갈빗대만을 사용해서 갈비탕을 만듭니다.'라는 것을 한 번에 알 수 있게 영상으로 신선해 보이는 원재료를 확인시켜 준다. 그렇게 한 번씩 오픈하는 갈비탕 택배 주문은 대박이 난다. 영상을 통해 먹고 싶게 만들었고, 품질까지 입증했으니 도저히 사지 않고는 못 배긴다. 이것이 바로 생동감 있게 영상을 촬영해야 하는 이유다.

3. 중앙 정렬하기

  영상 촬영을 제대로 배우지 않은 사람은 촬영 자체가 너무 어려울 수도 있다. 영상 촬영에 관해 지식이 없이 영상을 만들다 보면 그 결과물은 참담할 수도 있다. 무엇보다 구도를 잡는 것부터 어려울 수 있다. 그때는 이 방법을 써보자. 스마트폰에 있는 격자 기능을 켜고 인물이나 사물을 중앙 정렬시키는 것이다. 곧 스마트폰 촬영 화면에 격자를 활성화하고 움직이는 사물이 중앙에 위치하도록 해보자. 또는 내가 하는 모션이나 내가 강조해서 보여주려고 하는 사물을 중앙에 나오게 해보자. 아무 생각 없이 찍을 때보다 훨씬 감각적이고 안정감 있게 나올 것이다. 기본만 지켜도 기본 이상이 나온다. 이 방법은 영상뿐만 아니라 사진 촬영에서도 유효하다.

[그림 21] 중앙 정렬

4. 삼각대, 거치대 등 장비 활용하기

숏폼은 누군가 찍어주기보다 셀프로 촬영하는 경우가 많다. 그래서 삼각대와 거치대는 필수다. 나 또한 늘 미니 삼각대와 그립톡처럼 필요할 때 바로 사용할 수 있는 자석 거치대를 달고 다닌다. 그러면서 어디서든 구도를 잡고 세워서 촬영한다. 콤팩트하게 펼쳐서 쓸 수 있는 디자인의 미니 삼각대와 거치대만 있어도 다양한 구도의 촬영이 가능하다. 정면, 측면, 아래, 위, 거리감 등을 활용해서 다양하게 촬영하거나 삼각대와 거치대로 잡아놓은 구도 안에서 지나가는 영상을 찍을 수도 있다. 생각보다 삼각대와 거치대만 있어도 연출 할 수 있는 구도가 무척 많다. 예를 들어 인물만 찍기보다 주변 물체나 그 물체를 잡는 모션을 클로즈업하는 것도 좋은 구성이 된다. 한 번씩 영상에서 환기해주며 영상을 더욱 풍부하게 만들어 영상미를 높일 수 있다. 이렇게 삼각대와 거치대를 활용할 때조차도 다양한 관점에서 바라보는 연습을 해야 한다. 그렇게 시도하다 보면 삼각대와 거치대를 이용한 셀프 촬영만으로도 보여줄 수 있는 것이 정말 많다는 사실을 알게 될 것이다.

가끔 영상 구성에 따라 삼각대나 거치대만으로는 촬영하기 어려울 수도 있다. 그럴 땐 '바디캠'이나 '고프로' 같은 장비를 업그레이드해서 영상의 퀄리티를 높일 수도 있다. 무조건 좋은 장비를 써야 하는 건 아니지만 필요에 따라 장비에 투자할 필요도 있다.

5. 공간과 소품 활용하기

콘텐츠에 따라 매번 같은 공간에서 촬영하는 사람도 있을 것이다. 나 또한 정보성 콘텐츠를 만들 때는 집에 마련한 스튜디오 공간에서 촬영하는데, 공간이 어디인지 자주 질문을 받곤 한다. 늘 같은 공간에서 촬영하는 것도 브랜딩에 좋은 요소가 될 수 있다. 영상에서 그 공간만 봐도 나를 떠올릴 수 있기 때문이다. 또, 일정한 공간에서 촬영하면 콘텐츠를 지속해서 만들기도 쉽다. 공간을 계속 이동할 필요가 없기 때문이다.

때에 따라서 내 콘텐츠 결에 맞게 특정 공간을 이용하거나 독특한 소품을 활용하는 것도 도움이 될 수 있다. 예를 들어 유명 유튜버인 '드로우앤드류'(@drawadnrew)의 경우 계정 초기에 베지밀에 마이크를 꽂고 콘텐츠를 촬영하기도 했다. 통통 튀는 20대였던 그에게 베지밀은 레트로한 감성이 귀엽게 어우러져 브랜딩 포인트가 되었다. 특히 그의 퍼스널 컬러가 그린이었기 때문에 그린 색이 많이 들어간 베지밀과도 잘 어울렸다. 또, 그는 사무실을 옮길 때마다 특유의 인테리어 감각을 선보이며 그 공간을 활용하여 촬영했다. 결과적으로 공간이 감각적으로 통일이 되고, 이것이 자신의 퍼스널 컬러와 감성과 매치되어 일관성 있게 보이면서 계정은 더욱 성장하기 시작했다.

이처럼 나만의 개성이 느껴지는 일관성 있는 공간과 소품도 나와 내 계정을 각인시키는데 중요한 요소가 된다. 매번 다른 모습을 보여줄 필요가 없다. 사람들에게 무엇으로든 일관성 있게 나를 기억시키는 것이 중요하다.

6. 조명 활용하기

촬영할 때 조명은 치트키라고 할 수 있다. 생각보다 많은 사람이 촬영할 때 조명을 사용할 줄 모른다. 조명을 쓰고 안 쓰고는 정말 큰 차이가 있다. 나 또한 촬영에 정말 무지했던 사람이고, 조명은 다이소에서 5,000원 주고 산 동그란 조명을 눈 아프게 앞에 두는 것이 다였던 사람이다. 그러다가 계정의 컨셉을 바꾸면서 촬영 퀄리티에 대한 고민을 많이 했고, 그 과정에서 조명으로 공간을 분위기 있게 만들 수 있었다. 그러자 내 콘텐츠를 본 사람들은 나에게 이렇게 말했다. "전문가처럼 보여요~." "훨씬 전문성 있어 보여요." 조명하나 바꿨을 뿐인데 그 전엔 듣지 못했던 말을 듣게 되었다. 같은 공간인데도 조명 차이로 분위기가 180도 달라질 수 있다는 사실을 새삼 깨달았다. 특별한 편집이나 보정을 하지 않고 그저 촬영할 때부터 내가 추구하는 분위기를 잘 살려서 찍었을 뿐이다.

  촬영 분위기에 따라 사람들에게 전문성이 돋보이게 하거나 더 편안하게, 더 밝게 다양한 감정을 느끼게 할 수 있다. 특히 음식을 찍을 때는 조명이 필수다. 유명한 먹스타그래머들은 스마트폰에 탈부착할 수 있는 조명을 하나씩 꼭 가지고 다닌다. 이는 더 먹음직스럽게, 선명하게 보이기 위한 장치다. 조명이 있는 것과 없는 것의 차이가 생각보다 크기 때문에 주로 음식 관련 영상을 많이 찍는다면, 더 좋은 퀄리티를 위해 조명은 필수 아이템이다. 평소 야외에서 촬영을 많이 한다면 조명보다는 자연광 활용을 더 추천하지만, 스튜디오에서 뉴스 앵커 형식으로 촬영하거나 실내에서 분위기를 주고 싶다면 조명을 사용하는 것을 적극적으로 추천한다. 조명으로 분위기를 연출하려면 어떻게 해

[그림 22] 조명 없음   [그림 23] 조명 있음

야 할까?

　첫 번째, 조명 3개를 활용하는 3점 조명 방식이 있다. 이 방식은 퀄리티 있는 영상을 촬영할 때 가장 많이 사용한다. 3개의 조명은 키라이트(메인 조명), 필라이트(보조 조명), 백라이트(뒤 조명)로 나뉜다. 인물 정면에서 대략 45도 각도로 메인 조명을 얼굴 쪽으로 비추고, 그림자를 부드럽게 만들어 주기 위해 보조 조명을 메인 조명보다 조금 약하게 반대쪽 옆에 설치한다. 그리고 뒤 조명을 인물이나 사물 뒤에서 비추면 좀 더 입체감 있으면서 인물과 배경을 분리하는 효과를 만들 수 있다. 이때, 세 개의 조명색 온도를 맞추는 것이 중요하다. 이 방

[그림 24] 3점 조명 방식

[그림 25] 2점 조명 방식

식은 조명을 3개나 설치해야 하므로 조금 넓은 공간이 필요하다.

두 번째, 조명 2개로 촬영하는 2점 조명 방식이 있다. 이 방식은 메인 조명을 똑같이 정면에서 45도 각도로 한쪽에만 설치하고, 백라이트를 인물이나 사물의 살짝 위쪽이나 어깨 뒤쪽에서 비추게 하는 것이 좋다. 이렇게 설치하면 한쪽 얼굴에는 살짝 그림자가 지면서 얼굴이 작아 보이는 효과가 있고, 백라이트를 통해 은은한 분위기를 연출할 수 있다. 이 방식은 내가 주로 사용하는 촬영 방식으로 좁은 공간에서도 효율적으로 쓸 수 있다.

세 번째, 조명 1개로 촬영하는 1점 조명 방식이 있다. 1개의 조명을 사용하는 방식이지만, 벽과 조명 사이에 인물이나 사물을 두고 찍으면, 조명 빛이 벽에 반사되어 분위기 있게 촬영할 수 있다. 또는 45도 각도로 측면에 조명을 두어 그림자를 만들어 분위기를 만들 수도 있다.

조명을 사용할 때는 이렇게 기본적인 조명 활용 방법을 알고, 각도와 위치를 다양하게 조절해 보며 내 공간에 맞는 최적의 조명 값을 찾는 것이 중요하다. 결국 중요한 것은 많이 시도해 보고, 많이 찍어보는 것이다. 나 또한 촬영 전문가가 아니라서 유튜브와 네이버 블로그 등을 통해 계속 더 나은 촬영 방식을 찾아보고 고민하며 최적의 방법을 찾았다.

영상 콘텐츠에서 촬영은 생명이나 다름없다. 아무리 좋은 대본과 기획이 있어도 촬영이 망해버리면 아무 소용이 없다. 촬영이 마지막 단계인 이유는 그만큼 중요하기 때문이다. 반드시 최상의 컨셉과 대본을 완성한 후에 촬영에 들어가는 것이 좋다. 실패 없는 콘텐츠는 이렇게 탄탄한 준비를 통해 만들어진다. 물론 특별한 촬영이 없는 콘텐츠도 있다. 특별한 기획 없이 순간순간 포착한 장면으로 콘텐츠를 만드는 계정도 있다. 각자마다 컨셉이 있으므로 사실 정답은 없다. 하지만 롱런하는 계정은 모두 철저한 기획을 통해 무엇을 전달할지를 결정하고 콘텐츠를 만든다. 우연한 장면을 포착한 영상이라고 하더라도 어떤 음악을 입히는지에 따라, 어떤 멘트를 다는지에 따라 영상의 퀄리티와 재미는 완전히 달라질 수 있다. 자신에게 맞는 콘텐츠 기획 단계를 세팅하고 그것에 맞게 최상의 기획을 해보자. 콘텐츠의 퀄리티와 전달력뿐 아니라 재미와 반응도 바로 달라질 것이다.

더 알아두기
영상 촬영할 때 꼭 확인해야 할 다섯 가지

영상을 촬영할 때 실수하는 부분이 정말 많다. 이런 실수는 아주 단순하고 기본적인 것을 챙기지 않아서 생기는 예가 정말 많다. 따라서 이런 실수를 예방하려면 영상을 촬영하기 전에 다음의 다섯 가지를 꼭 해야 한다.

첫 번째, 카메라 닦기

영상을 찍고 나서 이렇게 생각하는 사람이 생각보다 많다. "아니, 내 스마트폰이 최신폰인데 왜 이렇게 화질이 안 좋지? 내가 잘 못 찍어서 그런가?" 아니다. 스마트폰 문제도 아니고, 스킬 문제도 아니다. 그저 스마트폰 카메라가 지저분해서다. 손으로 스마트폰을 계속 만지다 보니 카메라 쪽에 늘 지문 등으로 오염이 된 경우가 많다. 그걸 모르고 그대로 찍는다면 영상이 뿌옇게 나올 수밖에 없다. 그러니 영상을 찍기 전에 스마트폰을 꼭 한 번 닦아주자. 옷으로 쓱쓱 닦아줘도 괜찮다.

두 번째, 카메라 9:16 설정하기

지금 스마트폰 카메라를 켜고 동영상 탭으로 이동하여 설정을 확인해보자. 아마 3:4로 되어 있을 확률이 99% 일 것이다. 지금 당장 이 설정을 9:16으로 바꿔주자. 우리가 항상 보고 있는 숏폼 영상의 사이즈는 9:16이다. 지금 설정되어 있는 3:4로 찍은 영상을 숏폼으로 만들려면 영상의 일부가 잘리거나 위아래에 여백이 생길 수밖에 없다. 전체적으로 시원하게 보기 편한 영상을 만들기 위해서는 9:16 사이즈로 촬영해야 한다.

세 번째, 영상 해상도 설정하기

우리가 사용하는 스마트폰 카메라는 생각보다 성능이 좋다. 1시간짜리 유튜브 영상을 스마트폰으로 찍는 경우도 많고, TV에서 보는 예능 프로그램도 스마트폰으로 촬영하기도 한다. 의류 쇼핑몰도 이제는 스마트폰으로 촬영해서 판매하는 시대다. 이런 상황에서 내 스마트폰만 성능이 안 좋을 리가 없다. 설정이 제대로 안 되어 있을 뿐이다. 스마트폰은 대부분 기본값이 아이폰 1,080P, 갤럭시는 FHD 30프레임으로 설정되어 있을 확률이 높다. 스마트폰 카메라 모드 상단 또는 설정으로 들어가서 이를 바꿔주자. 아이폰은 4K 이상으로, 갤럭시는 UHD 30프레임 이상으로. 이렇게 하면 완전히 달라진 화질을 느낄 수 있을 것이다. 단점이 있다면 용량이 커서 촬영과 편집이 끝나면 빠르게 파일을 정리할 필요가 있다는 점이다.

앞으로 스마트폰 성능은 더 좋아질 것이고, 스마트폰 카메라 역시 계속 발전할 것이다. 그때마다 그것에 맞게 화질을 설정하는 것이 중요하다. 화질이 좋아야 사람들의 시선도 오래 머물 수 있다. 촬영을 잘하면 편집이 수월해진다. 한번 찍을 때 더 좋은 화질로 더 잘 찍으려고 노력해보자.

[그림 26] 해상도 설정

네 번째, 후면 카메라로 촬영하기

나를 브랜딩 하는 계정이니 내가 나오는 영상을 많이 찍게 될 것이다. 내가 많이 나오는 것이 당연히 좋다. 이때, 대부분 전면(셀카용) 카메라를 이용하는 경우가 많다. 전면 카메라가 촬영하기에는 굉장히 편하겠지만, 나는 후면 카메라를 추천한다. 앞에서 해상도에 관한 이야기를 했는데, 전면은 해상도를 최대치로 하더라도 후면을 따라갈수가 없다. 또, 내 얼굴이 이쁘게 나오게 하려고 후면 카메라를 피하는 경우가 많은데, 화질을 생각한다면 후면 카메라로 촬영하는 것을 강력하게 추천한다. 나 또한 모든 영상을 후면 카메라로 촬영하고 있다. 후면 카메라에 담기는 내 얼굴에 익숙해지다 보면 나름 또 괜찮다. 브랜딩은 솔직해야 한다. 어플로 필터를 사용해서 억지로 예쁘게 나온 얼굴을 보여주며 진정성을 바라는 건 모순이지 않을까? 게다가 어플로 촬영한 영상은 화질이 매우 낮아서 되도록 사용하지 않는 게 좋다. 적어도 솔직한 내 모습을 브랜딩하고 싶다면 일단 후면 카메라와 친해져 보자.

다섯 번째, 카카오톡으로 전송하기

친구가 찍어준 영상을 숏폼에 사용하기 위해 전송받거나 PC로 영상편집을 하는 경우, 대부분 카카오톡 메신저로 영상을 전송받곤 한다. 이때, 앞에서 설정한 대로 고화질로 잘 찍어놓은 영상이 망가질 수 있다. 카카오톡은 사진을 원본 그대로 전송할 수 있다. 하지만 동영상은 고화질로 보낸다고 하더라도 무조건 압축되어 전송되기 때문에 원본과 비교해 화질이 떨어질 수밖에 없다. 이런 작은 디테일에서 숏폼 영상에 품질 차이가 생겨난다. 고화질로 멋지게 찍은 다음 그 모습 그대로를 유지하려면 메일이나 클라우드를 이용해 전송하는 것을 추천한다. 같은 스마트폰 유저끼리는 갤럭시의 퀵쉐어나 아이폰의 에어드롭을 이용해도 좋다. 컴퓨터에 옮길 때는 USB로 옮기는 방법이 가장 쉽고 깔끔하다.

05
숏폼 기획 5단계
- 편집하기

1. 유용한 영상편집 툴

 이제 콘텐츠 완성까지 거의 다 왔다. 앞에서 말한 대로 촬영까지 잘 마쳤다면 금방 편집할 수 있다. 물론, 편집 스킬이 손에 다 익었다면 말이다. 사람들은 대부분 영상편집을 무척 어렵게 생각한 나머지 시작해볼 엄두조차 내지 않는다. 호기심에 영상편집 앱을 다운로드했다가도 막상 앱을 켜면 이게 무슨 말인지, 뭘 눌러야 하는지 전혀 알 수가 없기 때문이다. 하지만 수많은 영상편집 강의를 들어보니 한 시간 정도의 강의로도 기초를 마스터할 수 있는 게 바로 영상편집 스킬이었다. 해보지 않은 사람은 모를 것이다. 영상편집이 이렇게 쉽다는 것을.

요즘은 영상편집 앱이 대단히 많아졌다. 그리고 쉬워졌다. 초등학생도 다룰 수 있고, 60대분들도 영상편집을 배워서 콘텐츠를 뚝딱 만들기도 한다. 그만큼 영상편집은 대중적으로 누구나 할 수 있게 됐다. 나 또한 인스타를 처음 시작할 때 영상편집이라고는 전혀 해본 적이 없던 무지한 사람이었다. 하지만 릴스를 올려야 계정에 새로운 팔로워가 더 많이 유입된다는 것을 알게 되면서 일단 영상 콘텐츠를 만들기 시작했다. 당시엔 촬영 노하우도 없었고, 센스도 없었다. 편집 스킬은 더더욱 없었다. 편집하지도 않은 영상에 자막만 씌우기도 했고, 그마저도 기본 폰트로 구성된 아주 촌스러운 자막을 다는 것이 전부였다. 그렇게 편집을 하나둘 하다 보니 더 잘하고 싶어지고, 그래서 공부하게 되고, 그러면서 많이 만들다 보니 이제는 나름 수준급이 되었다.

영상편집은 결국 많이 만들어볼수록 는다. 어느 정도 실력이 올라갈 때까지는 정말 단순한 영상을 만드는 데도 시간이 오래 걸릴 수밖에 없다. 나 또한 1분짜리 영상을 한 개 만드는 데 3시간, 5시간씩 걸린 적도 있다. 쉬운 방법이 있는데도 노하우가 없어서 어렵게 편집해야 했던 적도 있다. 그런 과정이 모여 지금의 나만의 노하우가 생겼고, 누군가에게 가르쳐줄 수 있는 수준까지 올라올 수 있었다. 사람들은 대부분 이 과정에서 포기하고 만다. 하루에 많은 시간을 영상편집에 쓰기가 쉽지 않기 때문이다. 더군다나 SNS에서 브랜딩하는 사람들은 대부분 본업이 따로 있다. 직장을 다니거나, 아이를 키우거나, 사업을 하면서 하루에 3시간, 5시간을 영상편집에 쓰는 것이 어려울 수밖에 없다. 이렇게 영상편집에 시간과 노력이 많이 들기 때문에 그만큼 SNS로 성공하기가 어렵다. 하지만 명심하자. 이 시간은 결국 투자가 되어 돌아온다는 것을.

스마트폰으로 영상편집을 할 수 있는 앱도 다양하다. 현재 사람들이 가장 많이 사용하는 앱은 캡컷이다. 처음에 많았던 무료 기능이 유료로 바뀌면서 사용자들이 다른 무료 앱으로 이동을 하는 추세다. 캡컷 외에도 블로, 비타, 브이딧, 브루 등등 다양한 앱들이 생겨나고 있으며, 대부분 아직 무료 기능을 많이 제공하고 있다.

사실 캡컷의 가장 좋은 점은 바로 '자동 캡션'과 'PC 버전' 기능이다. 자동 캡션은 목소리를 인식해 자동으로 자막을 깔아주는 기능으로 누구나 쉽게 사용할 수 있어서 한번 이 기능을 써본 사람은 다른 앱으로 갈아타기가 쉽지 않다. 게다가 PC 버전까지 사용할 수가 있어서 작은 모바일 화면으로 편집이 어려운 사람은 PC 버전을 통해 편집 시간을 2배 이상 줄일 수 있다. 나 또한 PC 버전을 많이 사용하는 편이다. 그동안은 PC로 영상편집을 하려면 프리미어 프로와 같은 고급 프로그램을 사용해야만 했다. 물론, 월 비용도 발생한다. 프리미어 프로만큼은 아니지만, 초, 중급자가 다루기 정말 좋은 프로그램이 캡컷 PC 버전이다. 프리미어 프로로 구현할 수 있는 웬만한 기능을 아주 쉽게 쓸 수 있게 되어 있어 영상편집이 아직 익숙하지 않은 사람에게는 제일 추천하고 싶은 앱이다.

캡컷 특강

2. 영상편집 할 때 알아두면 좋은 꿀팁

2초마다 화면 전환

숏폼을 주로 시청하는 사람들은 자극적인 것을 좋아한다. 그리고 화면이 빠르게 자주 전환되는 것을 좋아하기 때문에 하나의 화면이 2초가 넘어가지 않아야 하고, 다양한 화면을 빠르게 전환하게 해서 영상에 몰입할 수 있게 해야 한다. 가만히 말하는 영상이라 하더라도 참고자료를 보여준다거나 자막을 넘어가게 구성하여 2초마다 빠르게 전환되는 느낌을 줄 수도 있다. 한 개의 화면에서도 청각을 자극해서 몰입도를 높일 수도 있다. 특히 요리, 여행, 패션 등 비주얼을 보여주는 영상이라면 2초 이상 같은 화면을 보여주지 않도록 하자. 사람들이 손가락을 움직이는 시간은 0.1초도 걸리지 않는다.

스티커와 효과음

영상의 집중도와 재미를 높이는 방법에는 스티커와 효과음이 있다. 내 콘텐츠는 주로 가만히 앉아서 말하는 뉴스 앵커 스타일의 영상이다 보니 굉장히 지루해질 수 있다. 그래서 가장 많이 신경 쓰는 것이 바로 스티커와 효과음이다. 내 말을 시각적으로 표현해 줄 수 있는 스티커를 적재적소에 띄우고, 스티커가 나타날 때마다 또는 포인트가 되는 말을 할 때마다 효과음을 넣어준다. 그렇게 스티커와 효과음으로 영상에 지루함을 덜어내고 집중도를 높여줄 수 있다. 잘 어울리는 효과음은 영상의 재미를 2~3배는 올려줄 수 있다. 특히 귀여운 느낌을 줄 때 효과음을 넣어주면 참을 수 없는 귀여움을 보여줄 수도 있다. 스티커나 효과음뿐만 아니라 참고할 만한 사진이나 자료가 들어간다면 최대한 활용해 보자. 참고 자료가 나올 때마다 '뿅뿅' 효과음을 넣어보자. 몰입도가 10배는 높아질 것이다. 스티커나 효과음은 영상 편집 앱에서도 사용할 수 있고, 무료로 다운로드할 수 있는 해외 사이트도 많다. 내 영상이 편집을 마쳤는데도 뭔가 심심하다고 느낀다면 이 두 가지를 추가해 보자. 완전히 다른 콘텐츠가 완성될 것이다.

내레이션 영상편집 팁

목소리를 녹음하는 내레이션 영상 콘텐츠가 아주 많다. 이때, 목소리 녹음이 먼저일까? 영상 세팅이 먼저일까? 강의할 때 많이 듣는 질문인데, 대부분 영상 세팅이 먼저라고 말한다. 영상을 먼저 꺼내놓고 그것에 맞게 녹음을 하는 것으로 알고 있는 사람이 많다. 내 정답은 녹음이 먼저다. 영상 사이즈에 맞게 말을 맞추는 건 정말 쉽지 않은 일이다. 역으로 멘트 사이즈에 맞게 영상 사이즈를 조절하는 건 매우 쉽다. 하지만 모바일 편집 앱에서는 먼저 영상을 꺼내야 편집을 시작할 수 있어서 다들 순서를 잘못 알고 있을 확률이 높다. 이런 경우 시작 영상 하나만 일단 꺼내놓고 녹음을 진행한 다음에, 녹음한 오디오를 다듬고 나서 영상을 추가하면 된다.

목소리를 녹음할 때는 마이크 사용을 추천하고 싶다. 요즘 스마트폰 성능이 좋아 전화하듯이 스마트폰을 들고 녹음해도 웬만큼 좋은 음질로 녹음되기는 하지만, 콘텐츠 퀄리티를 생각한다면 작은 핀 마이크라도 구매해서 사용할 필요가 있다. 요즘에는 다들 귀에 이어폰 하나씩 꽂고 다니지 않는가? 그래서 소리에 굉장히 예민할 수밖에 없다. 숏폼을 보다가 음질이 나쁘면 빠르게 이탈할 확률이 높다. 음질 때문에 생길 수 있는 이탈률을 줄이기 위해 핀 마이크나 무선 마이크 사용을 추천한다. 내 인생을 바꾸는 콘텐츠를 올리는 데 이 정도 투자는 나쁘지 않다고 본다.

음악 선정과 박자 맞추기

영상의 완성도를 높이기 위해 음악 선정은 정말 중요하다. 내가 콘텐츠에서 주고자 하는 메시지와 잘 어울리는 음악을 선택해야 한다. 희망찬 메시지를 담았다면 신나는 음악을, 힐링을 주고 싶다면 잔잔한 음악을, 감동을 주는 콘텐츠라면 잔잔하면서 살짝 슬픔이 묻어나는 음악도 괜찮다. 내가 주고자 하는 메시지는 시각으로만 느껴지는 것이 아니다. 청각으로도 느끼게 할 수 있다. 내 메시지나 에너지가 시각과 청각이 잘 어우러질 때 좋은 콘텐츠가 된다. 시각으로만 보던 콘텐츠를 음악과 함께 볼 때, 그 감동이나 느낌이 배로 전해질 것이다. 음악 선정에 신경을 써야 한다. 어떤 사람은 음악을 선정해 놓고 콘텐츠를 구상하기도 한다.

박자가 딱딱 맞는 콘텐츠를 본 적이 있을 것이다. 글씨가 나오거나 화면이 전환되는 시점과 이때 나오는 노래의 박자가 딱딱 들어맞았을 때, 사람들은 쾌감을 느끼며 몰입도가 높아진다. 내가 팔로워 5,000에서 1.3만까지 갈 때 썼던 전략이다. 영상에 글씨가 튀어나오는 정보성 콘텐츠였는데, 여기에 나는 박자감이라는 '킥'을 넣었다. 이 글씨가 박자에 맞게 튀어나와 몰입도를 높여주는 역할을 했다.

유튜브에서 숏폼으로 아주 많은 구독자를 보유한 '남쿡'(@namcook_)이 있다. 이분은 맛있는 간식류를 만드는 요리 영상은 보여주지만, 레시피는 읊어주지 않는다. 이 때 자신이 만드는 과정을 박자감 있게 편집해서 보여준다. 그 속도도 굉장히 빠른 편이라 사람들은 미친 듯이 몰입하게 되고, 박자에 맞게 들어가는 칼질과 모션을 보면서 쾌감을 느낀다. 한마디로 그의 요리 실력뿐만 아니라 영상편집 실력에도 반하게 된다. 나 또한 그의 요리 영상을 멍하니 보며 요리 실력보다 영상편집 실력에 놀랐던 적이 있다. 여러분도 영상편집 실력을 기본기 이상 갖추었다면 박자에 맞는 영상편집에 도전해 보자. 내 콘텐츠의 '킥'이 되어 줄지도 모르니.

자막 위치

유튜브는 처음엔 가로 영상인 롱폼으로 시작했다. 그렇다 보니 몇 년 전까지만 해도 우리에게 영상은 가로가 당연했다. 그러다가 숏폼이 떠오르기 시작했고, 동영상 크리에이터인 나 또한 세로로만 영상을 찍고 있다. 유튜브로 인해 가로 영상에 익숙했던 우리에게 자막은 영상 아래쪽에 달리는 것이 당연했을 것이다. 게다가 영화에서도, TV에서도, 늘 자막은 제일 아래에 달려있었으니까. 그렇다 보니 숏폼 영상에도 자막을 아래쪽에 다는 사람을 심심치 않게 볼 수 있다. 숏폼 영상은 9:16 사이즈다. 영상이 위아래로 굉장히 길어 한눈에 보기가 어렵다. 이때 자막을 너무 아래에 둔다면 영상에서 시선이 분산되고 만다. 자막을 읽으려다 영상을 제대로 못 보고, 영상을 보다 보면 자막을 읽기가 어려워 몰입도가 깨지는 것이다. 그래서 자막은 인물이나 배경이 최대한 가려지지 않는 선에서 중앙을 기점으로 살짝 위 또는 아래에 배치하는 것이 좋다. 중앙에서 너무 멀어지지 않도록 해야 한다.

[그림 27] 세로 영상 자막 위치

그래야 영상과 함께 자막을 읽으며 편안하게 볼 수 있게 되어 집중도가 높아진다. 자막 위치 때문에 열심히 만든 내 콘텐츠를 보다가 이탈해 버린다면 너무 슬프지 않은가? 사람들이 영상에 몰입할 수 있게 만드는 것은 콘텐츠를 만드는 사람이 해야 할 일이다.

편집 효과 활용하기

갑자기 화면이 생각지도 못했던 화면으로 바뀌기도 하고, 스마트폰에 있던 물체가 튀어나오기도 한다. 흑백 화면을 터치하면 컬러로 바뀌기도 하고, 사람이 커피잔에 빠지기도 한다. 텍스트로만 봐서는 이게 무슨 소리인가 싶고, 가능한 이야기인가 싶을 것이다. 모두 현실에서 가능한 이야기가 아닌 영상편집에서 가능한 이야기다. 이는 특별히 배운 사람만이 사용하는 것이 아니라 우리도 조금만 배우면 할 수 있는 영상편집 기술이다.

트랜지션, 키프레임, 마스크, 크로마키 등등 단어가 생소해서 그렇지 영상 초보도 따라 할 수 있는 기술이다. 어떤 효과들은 그냥 영상을 오리고 삭제만 했는데도 완성되기도 한다. 내 콘텐츠에 화제성을 넣고 싶다면, 초반에 후킹을 제대로 하고 싶다면, 이런 기술을 찾아보고 배워보자. 인스타나 유튜브에서 모바일 앱으로 편집하는 방법을 알려주는 사람이 정말 많이 있다. 이런 편집 기술을 내 콘텐츠에 녹이는 것도 하나의 '킥'이 될 수 있다. 특히 자영업 하는 사장님들께 추천하고 싶은 전략이기도 하다. 그냥 제품을 보여주는 것이 아니라 다양한 효과를 통해 보여주면 편집 효과로 후킹이 되어 제품을 보게 될 것이다. 이미 해외에서는 이런 식으로 제품을 홍보하는 사람이 아주 많다. 남과 같아서는 성공하기 어렵다. 어렵다는 생각에서 벗어나 남이 안 하는 것에 도전해 보자.

06
조회 수 높은 숏폼의 7가지 비밀

우리는 조회 수가 높은 숏폼을 '떡상 콘텐츠'라고 부른다. 나는 몇 번의 경험을 통해서 떡상하는 숏폼에도 공식이 있다는 것을 알게 되었다. 내가 찾아낸 이 공식이 100% 떡상을 보장하는 것은 아니지만 떡상 확률은 높여 줄 것이다.

1. 유익하게

일명 정보성 콘텐츠다. 유익하고 도움이 되는 내용을 넣어보자. 누군가의 문제를 해결해 줄 수 있는 숏폼은 사람을 모으는 데 가장 강력한 콘텐츠가 된다.

2. 짧게

　릴스 콘텐츠에서 많이 사용하는 형식이다. '짧게'는 2초에서 5초짜리의 짧은 영상 안에서 궁금증을 유발하며 사람들이 캡션을 보게 하는 전략으로 많이 쓰인다. 릴스에서 다시 보기 횟수도 알고리즘에 영향을 준다는 말이 있어서 사람들은 전략적으로 짧은 영상과 긴 캡션을 조합으로 콘텐츠를 만들기 시작했다. 사실 콘텐츠 측면에서 짧은 영상은 매력적이진 않다. 하지만 콘텐츠를 소비하는 사람의 심리가 짧고 자극적인 콘텐츠에 끌린다는 것을 알면, 짧은 콘텐츠는 굉장히 전략적이고 매력적인 콘텐츠라고 볼 수도 있다.

　짧은 콘텐츠에서 중요한 것은 제목이다. 제목을 정말 궁금하게, 말 그대로 자극적으로 써야 한다. 이것을 '후킹'이라고 한다. 주의할 점은 제목에서 후킹을 잘해 준 뒤 캡션 내용이 별 볼 일 없으면 오히려 역효과를 일으킬 수 있다. 캡션의 내용이 좋아야만 사람들은 실망하지 않고 앞으로도 내 콘텐츠를 계속 소비한다. 인스타에서 도달을 빠르게 올리고 싶다면, 짧은 영상과 후킹 하는 제목, 양질의 캡션으로 사람들의 반응을 끌어올려 보는 것도 좋은 전략이다.

3. 빠르게

숏폼은 1분 미만의 짧은 영상이다. 이 짧은 영상을 소비하는 사람은 지루함을 참지 못한다. 그러므로 짧은 영상 안에서도 이탈하지 않게 하려면 볼거리를 빠르게 제공해야 한다. 영상이 너무 느리거나 2초 안에 화면이 전환되지 않으면 사람들의 손가락은 가차 없이 위로 움직인다. 이탈을 방지하고 싶다면 조금 빠른 모션과 화면 전환이 필수다. 다만 초기에는 말도 빠르게 배속을 올리는 것을 선호했지만, 지금은 편안하게 듣는 것을 더 중요하게 생각하기 때문에, 굳이 말을 배속하는 것은 그다지 추천하지 않는다. 배속을 빠르게 하기보다는 차라리 말을 빨리하는 것이 좋다.

4. 재미있게

어쩌면 가장 어려운 부분이다. 사람들을 재미있게 해준다는 게 쉽지 않다. 하지만 재미있는 콘텐츠에 사람들은 가장 많이 반응하고 오래 머무른다. 재미를 주는 요소는 다양하다. 행동으로, 말발로, 상황 설정으로 재미를 유발해서 의도적으로 재미있게 만들어야 한다. 콘텐츠를 계속 재미있게 만들기 위해서는 철저한 기획이 필요하다. 재미있게 하라고 해서 웃기라는 것이 아니다. 사람들에게 볼거리를 제공하라는 이야기다. 우연한 재미는 지속하기 어렵다. 철저한 기획 속에서 재미를 만들어 내야 한다.

5. 힙하게

힙하게 또는 핫하게. 요즘 유행하는 챌린지와 챌린지 음원을 이용하는 방법이다. 내가 춤을 잘 추고 끼가 있다면 최근에 유행하는 챌린지를 따라 하면서 나의 끼를 뽐낼 수도 있고, 끼를 뽐내면서 눈길을 끌어 정보를 보게 할 수도 있다. 챌린지는 화제성을 끌기에 좋다. 말 그대로 유행이기 때문이다. 사람들은 유행에 민감하다. 내가 알고 있다는 것을 확인하고 싶어 하는 심리가 있다. 내가 아는 것을 더 보고 싶어 한다. 아는 노래, 아는 춤, 아는 챌린지가 나왔을 때 반갑고 조금이라도 더 머무르게 된다. 하지만 챌린지를 그대로 따라 하는 것은 추천하지 않는다. 챌린지를 내 주제에 맞도록 재미있게 적용했을 때 내 계정 성장에 도움이 된다. 내 주제에 관심 없는 사람을 모아 봤자 할 수 있는 건 없다.

6. 압도적이게

어떤 콘텐츠가 압도적일까? 내가 본 압도적인 콘텐츠는 압도적으로 많은 정보를 큐레이션 해서 다른 사람의 시간을 아껴준다던가, 또는 큰 이득을 볼 수 있는 정보를 정리해 주는 것이다. 예를 들면 무료로 강의를 들을 수 있는 사이트 20개, 예비창업 패키지로 지원금 1억 받는 방법 등 실질적으로 압도적인 혜택을 받을 수 있는 정보를 주는 콘텐츠를 말한다. 실제로 사람들은 이런 지원금, 무료 혜택, 정보 큐레이션 등을 많이 저장하기 때문에 떡상에 유리하다. 내가 모르는 분야더라도 열심히 찾아보고 정리해서 다른 사람의 시간을 아껴 줄 수 있다면 압도적인 콘텐츠가 될 수 있다.

7. 감동 있게

마지막으로 감동적인 콘텐츠를 만들어 보자. 누군가의 마음속 깊이 와 닿고 공감하고 감동을 줄 수 있는 콘텐츠가 정말 좋은 콘텐츠다. 감동적인 콘텐츠는 솔직함을 기반으로 한다. 솔직한 내 생각과 지금의 상황, 나의 노력 등이 어우러졌을 때 누군가에게 공감을 사고 큰 감동을 줄 수 있다. 특히 역경을 이겨낸 스토리, 나의 약점을 인정하고 보완하려는 모습 등에서 사람들은 마음을 열고 동기부여를 받는다. 그렇게 움직인 마음은 '나'라는 사람을 더욱 기억하게 한다.

위에서 말한 공식을 하나만 쓰지 말고 다양하게 섞어보자. '빠르고 짧게 유익하게' 정보를 줄 수도 있고, '힙하고 재미있는' 콘텐츠를 만들 수도 있다. '압도적인 내용을 짧게' 만들 수도 있고, '유익한 내용을 압도적'으로 만들어 보는 건 어떨까? 다양한 요소가 만나 나만의 성공 공식이 된다. 떡상 콘텐츠에는 한 가지 공식만이 있는 것이 아니다. 다양한 공식이 만나 어우러져 좋은 콘텐츠가 된다.

하지만 좋은 콘텐츠라고 해서 무조건 떡상 하지는 않는다. 콘텐츠의 떡상은 내 의도 20%와 알고리즘을 통한 운이 80%라고 생각한다. 따라서 떡상을 생각하기보다 내 팔로워에게 어떤 도움을 줄 수 있을지, 팔로워에게 필요한 이야기는 뭘 지를 더 고민한다면 떡상 없이도 단단하고 멋진 내 브랜딩을 완성할 수 있을 것이다. 이를 위해서는 철저한 기획이 필요하다. 나를 브랜딩하는 콘텐츠는 우연히 만들어지기보다 기획을 통해 만들어진다.

3장
팔로워를 늘리고 찐팬을 사로잡는 숏폼 특급 전략

콘텐츠를 어떻게 기획하는지 알았다면, 다음 단계는 디테일을 잡아 나가는 것이 필요하다. 남다른 콘텐츠는 바로 이 디테일에서 만들어 진다. 남들과 비슷하거나 같게 만들어서는 남다른 콘텐츠를 만들 수 없다. 나만의 '킥'이 있는, 나만의 '한 끗'이 있는 콘텐츠를 만들기 위해 계속 고민하고 시도해야 한다. 반복적으로 시도해 보면서 나와 핏이 맞는 콘텐츠를 찾아 나가야 한다. 하지만 이렇게 잘 만든 콘텐츠를 더 많은 사람이 보게 하기 위한 장치도 필요하다. 똑같은 콘텐츠도 작은 디테일 하나에 조회 수가 천차만별로 달라질 수 있기 때문이다. 좀 더 많은 사람에게 콘텐츠가 퍼져나갈 수 있는 확률을 높이는 것 또한 콘텐츠를 만든 사람의 몫이다. 또, 꾸준히 지속할 수 있는 전략도 필요하다. SNS에서 콘텐츠는 일회성이 아니다. 지속해서 발행되어 나를 알리는 데 도움이 되어야 한다. 나를 아직 모르는 사람들에게 꾸준하게 다가가야 한다. 그렇게 하려면 지속적인 콘텐츠 발행을 유지하기 위한 나만의 시스템을 구축하는 것도 중요하다.

나는 1년 가까이 거의 매일 콘텐츠를 만들었다. 400개가 넘는 숏폼을 만들고, 많은 수강생의 콘텐츠를 분석하며 지속할 수 있는 나만의 콘텐츠 기획 시스템을 만들었다. 그리고 이 과정에서 조회 수를 높이기 위한 나만의 노하우도 생겨났다. 지금부터는 이렇게 내가 직접 만들어 보며 경험하고 느낀 조회 수를 높이는 숏폼 기획의 인사이트를 공개하려 한다.

01
초반 2초 후킹 전략

　'후킹'은 낚시 용어인 'hook'(낚싯바늘, 걸다)에서 유래한 마케팅 용어로 고객의 관심을 끌고 구매를 유도하는 행위를 의미한다. 영상을 잘 만드는 것도 중요하지만 그보다 더 중요한 것은 바로 후킹 능력이다. 초반 후킹을 얼마나 잘하느냐에 따라 콘텐츠의 조회 수와 반응도가 완전히 달라질 수 있다. 아무리 좋은 영상과 대본으로 만든 콘텐츠라 하더라도 초반 후킹을 제대로 하지 못하면 사람들은 보지 않고 이탈하고 만다. 숏폼은 초반 3초, 아니 이제는 더 줄어서 2초가 정말 중요하다. 내 콘텐츠를 볼지 말지를 결정하는 아주 짧은 순간이다. 이때 우리는 후킹 능력을 제대로 발휘해야 한다. 그럼 지금부터 초반 2초를 결정하는 3가지 후킹 요소를 알아보자.

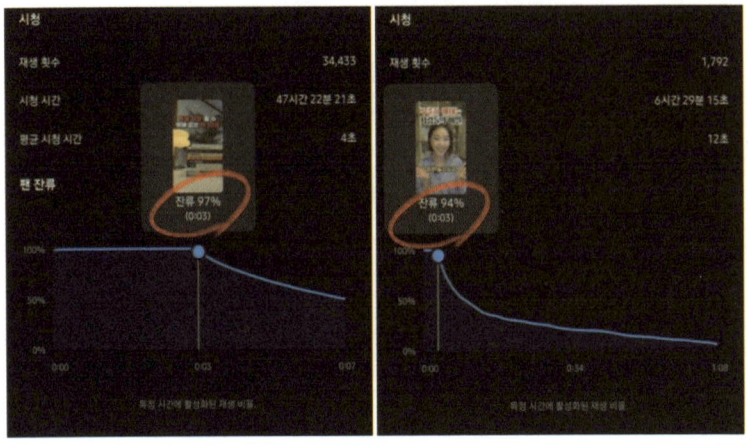

[그림 28] 초반 후킹 효과

1. 제목

   제목은 가장 중요한 후킹 요소다. 똑같은 콘텐츠라도 제목을 어떻게 짓느냐에 따라 완전히 다른 결과를 가져올 수 있다. 제목으로 궁금증을 유발하는 콘텐츠가 될지, 제목만 봐도 지루한 콘텐츠가 될지 결정된다. 이탈이 결정되는 2초 안에 우리는 가장 먼저 제목으로 설득해야 한다. 제목으로 안 보고는 못 배기게 만들어야 한다. 안 보면 손해 볼 것처럼 보여야 한다. 평소 관심 없던 사람도 관심이 가게끔 만들어야 한다. 어떻게 해야 2초 만에 제목으로 사람들을 설득할 수 있을까?

권위로 어필하기

나에게 권위가 있다면 사실 가장 좋다. 나의 경력이나 성과, 직책 등을 내세워 어필한다면 더없이 좋은 후킹 제목이 된다. 나 또한 '14년 차 1인 사업'이라는 제목을 달았던 콘텐츠의 도달률이 높았고, 전반적으로 반응이 좋았다. 14년이나 1인 사업을 했으니 제목만 봐도 믿고 봐도 된다는 믿음이 생겼기 때문이다. 만일 나에게 권위가 없다면 다른 사람의 권위를 인용해서 사용할 수도 있다. 나의 권위는 아니지만, 콘텐츠 자체에는 신뢰를 줄 수 있어서 좋은 후킹 요소가 된다. 일반적인 사람보다는 당연히 권위 있는 전문가가 말하는 해결법이 궁금할 수밖에 없다. 일단 알아두면 좋을 거라는 생각으로 콘텐츠를 소비하게 된다.

〈권위를 앞세운 제목 예시〉

- 경력 10년의 웨딩 플래너가 말하는 좋은 웨딩홀 고르는 법
- 피부과 원장만 알고 있는 물광 피부 비법
- 10년 차 중식 요리사가 알려주는 탕수육 만드는 법
- 경력 10년 차 디자이너가 밝히는 패션계의 불편한 진실
- 유명 쉐프 ○도 몰래 쓰는 주방용품 ○가지
- 배우 ○도 매일 한다는 피부 관리 ○가지
- 10년 차 워킹맘이 해보고 느낀 맞벌이 육아 꿀팁

불안하게 만드는 단어와 문장

사람들은 대부분 숏폼을 아무 생각도 하고 싶지 않거나 가볍게 킬링타임 용으로 본다. 이때 뭔가를 해야 한다는 메시지에는 크게 반응하지 않지만, 하지 않으면 손해 본다는 메시지를 봤을 때는 불안감을 느끼게 된다. 이 불안감을 자극해야 한다. 아무것도 하고 싶지는 않지만, 손해를 보고 싶지는 않은 마음을 자극해야 한다. 혹시나 안 보고 지나쳤다가 손해 볼 수도 있다는 생각이 들면 손가락을 멈추고 보게 된다. 일단 보게 만드는 것만으로도 후킹에 성공한 것이다. 여기에 콘텐츠 내용까지 좋다면 분명 저장과 공유까지 할 것이다. '손해 보는', '후회하는', '절대 하면 안 되는' 나는 이 세 가지를 제목 치트키라고 부른다. 나 또한 100만 이상 조회 수를 기록한 콘텐츠들이 있었는데, 모두 이런 제목을 사용했다는 것이 공통점이다.

〈불안하게 만드는 단어와 문장을 사용한 제목 예시〉

- 서른 살이라면 주목, 모르면 손해 보는 피부관리템
- 모르면 무조건 손해 보는 자기계발 무료 사이트
- 모르면 무조건 후회하는 국내 여행 명소 BEST 5
- 내가 자영업하고 미치도록 후회하는 것
- 내가 독서를 시작하고 180도 달라진 이유
- 유튜브 하고 싶다면 절대 하면 안 되는 ○가지
- 살 빼고 싶은 사람은 절대 보지 마세요

[그림 29] 리지팍의 떡상 제목

3장 팔로워를 늘리고 찐팬을 사로잡는 숏폼 특급 전략 • 195

- 재테크, 이렇게 하면 절대 안 됩니다
- 이런 사람은 부동산 투자 절대 하지 마세요

궁금증 유발

후킹은 결국 궁금해서 보게 만드는 것이 중요하다. 말끝을 흐려 여운을 남기거나, 평소에 사람들이 많이 하는 질문을 던져 공감하게 하는 제목을 만들어 보자. 제목에 '이것'이나 초성을 사용하여 궁금증을 유도할 수도 있다. 또는 반전을 주는 것도 좋은 방법이 된다. 사람들이 당연하게 생각하는 것을 비틀어 보는 것도 좋다. 호기심이 많은 사람은 무조건 낚일 수밖에 없을 것이다.

〈궁금증을 유발하는 제목 예시〉

- 한 달 동안 매일 샐러드만 먹었더니 …
- 1년 동안 인스타에 미쳐봤더니 …
- 내 인생을 완전히 바꿔 준 ㅈㅁ독서법
- 부모님 반대에도 불구하고 했던 결혼, 결국 …
- 매일 30분 독서하면 정말 인생이 바뀔까?
- 1일 1팩 하면 진짜 피부가 좋아질까?
- 다이어트 10년 하고 미치도록 후회하는 이유
- 매일 마음껏 먹고 한 달 만에 10kg 뺀 비결

구체적인 숫자

숫자를 활용하면 사람들은 훨씬 더 구체적으로 느끼게 된다. 따라서 추상적인 표현보다는 수치를 이용하여 정확도를 높여주면 신뢰도가 올라가 콘텐츠에 더 머물게 할 수 있다. 정확한 액수, 기간, 나이, 상승, 하락, 개수 등등 숫자로 나타낼 수 있다면 모두 수치화해서 보여주자. 또, BEST ○, ○가지 방법 등으로 제목에 숫자로 개수를 덧붙이면 더 유익하게 느끼고, 개수를 미리 알고 있어서 다 보고 싶은 마음이 생긴다. 많은 사람이 이왕이면 홀수가 더 좋다고는 하는데, 개인적으로는 '14년 차 1인 사업'과 '6가지'를 쓴 제목이 높은 조회 수를 기록했기 때문에 꼭 홀수로 할 필요는 없다고 생각한다. 중요한 것은 제목에 어떻게든 숫자를 넣는 것이다. 글자만 빽빽하게 있는 것보다 훨씬 눈에 띄게 되어 사람들의 관심을 집중시킬 수 있다. 그렇다고 제목에 너무 숫자가 많이 들어가면 오히려 집중력이 분산될 수 있으므로 제목에 들어가는 숫자는 1~2개 정도가 적당하다.

〈구체적인 숫자를 제시하는 제목 예시〉

- 3년 동안 하루 10분 독서하고 느낀 점
- 내 인생을 180도 바꿔준 아침 루틴 3가지
- 이것만 했을 뿐인데 매출 2배 올랐어요
- 20대라면 꼭 가봐야 할 해외 여행지
- 2주간 매일 10분만 하면 팔뚝 살 빠쪽 되는 운동 루틴

- 강의에 1,000만 원 쓰고 후회하는 5가지 이유
- 6개월 동안 10kg 빼고 난 후 달라진 점
- 내가 1년 동안 직접 써보고 고른 색조 화장품 BEST 5

쉽고 대중성 있는 제목

가끔 전문가로 활동하는 분들이 이런 실수를 자주 저지르곤 한다. 사람들이 당연히 알 거라는 생각으로 제목에 전문 용어를 쓰거나, 제목을 어렵게 쓰곤 한다. 하지만 이런 제목을 보면 사람들은 곧바로 도망가 버릴 것이다. 숏폼은 대부분 의도하고 검색해서 보는 것이 아니라, 어쩌다 우연히 만나게 되는 것이다. 우연히 만난 콘텐츠에서 아는 내용이 나오면 반갑고 한 번 더 보지만, 모르는 단어나 어려운 단어가 나오면 1도 궁금하지 않은 것이 사람의 마음이다. 사람들의 관심을 끌려면, 일단 제목이 직관적으로 쉽고 대중적이어야 한다. 똑같은 내용이라도 제목만 쉽게 바꿔도 주목받는 콘텐츠가 될 수 있다.

나 또한 퍼스널 브랜딩 강의를 하지만 콘텐츠 제목에는 최대한 '퍼스널 브랜딩'을 언급하려고 하지 않는다. 퍼스널 브랜딩을 쉽게 표현하면 어떻게 표현할 수 있을까? '나를 알리는 일', '어떤 분야에서 유명해지는 일', 이렇게 풀어서 설명할 수 있겠다. 아무리 전문가라도 이 정도로 쉽게 풀어서 말해야 한다. 특히 제목에서는 더더욱 그렇다.

〈쉽고 대중성 있는 제목 예시〉

- 부동산 공매 아직도 모르세요?
→ 나라에서 싸게 파는 부동산, 아직도 모르세요?

- 2주 만에 라운드 숄더 탈출하는 렛플다운
→ 2주 만에 제니 어깨 만들어 주는 등 운동

- 트랜지션으로 '이런' 영상 만드는 법
→ 1초 만에 변신하는 영상 만드는 법

5가지 비법을 믹스하기

위에서 설명한 다섯 가지 제목 비법을 잘 사용한다면 조회 수에 도움이 되는 콘텐츠를 만들 수 있을 것이다. 여기서 더 대박을 원한다면 5가지 비법을 2가지 이상 서로 믹스해 보자.

〈5가지 비법을 믹스한 제목 예시〉

- 의사들은 절대 안 먹는다는 음식 3가지 (권위+부정어+숫자)
- 만 39세까지 모르면 1,000만 원 손해 보는 월세 지원금 (숫자+숫자+부정어+대중성)
- 연 매출 10억 사업, 3년 뒤 결국…. (숫자+궁금증)
- 10년 차 피부샵 원장도 몰래 한다는 ○○관리법 (권위+궁금증)
- 100일 동안 매일 책 1권 읽고 후회하는 이유 (숫자+숫자+부정어)

2. 첫 화면

제목만큼 중요한 것이 바로 첫 화면 영상이다. 숏폼은 결국 시각적인 작용이 가장 큰 콘텐츠이기 때문에 시각적으로 후킹 하는 것만큼 좋은 후킹은 없다. 최근에 내 콘텐츠와 전혀 관계가 없는 해외 핫한 영상을 이용해 초반에 후킹 하는 사람이 부쩍 많아졌다. 신기한 해외 영상과 내 영상을 자연스럽게 연결하는 것이 한동안 유행이었다. 이 정도로 초반 영상은 시청자들의 시선을 사로잡는 데 큰 역할을 한다. 그런 만큼 첫 번째 화면 영상은 더욱 신경 써서 선택해야 한다. 고심해서 결정한 첫 멘트가 시각적으로 느껴지는 장면이면 더욱 좋다. 첫 화면 영상과 멘트가 일치했을 때, 사람들은 더욱 집중해서 보게 된다. 또는 제목과 일치하는 영상을 올려보자. 제목과 첫 멘트가 조금 약했더라도 첫 화면 영상에서 임팩트 있게 다가온다면 사람들은 조금 더 지켜보게 된다. 어떤 방식으로든 첫 화면 영상으로 사람들의 눈과 귀를 사로잡아 내 콘텐츠에 머무르게 해야 한다.

핑크 쫄쫄이를 입고 나오는 유튜버 '메디쌤'(@메디쌤)이 있다. 이분은 핑크 쫄쫄이를 입고 당시에 핫한 챌린지나 재미있는 첫 화면 영상으로 눈길을 끈 다음 화면이 전환되며 운동 방법을 알려준다. 맞다. 이 유튜버는 운동 유튜버다. 사람들이 평범하게 그냥 운동을 알려주면 관심이 없으니까, 또 그런 유튜버가 너무 많으니까 차별화를 주기 위해 눈에 띄는 의상을 선택하고, 초반에 재미있게 마음을 사로잡은 후 본

론으로 들어간다. 이 차별화 전략은 제대로 먹혔고, 유튜브에서도, 인스타에서도 엄청난 조회 수와 팔로워 수를 기록하고 있다. 첫 화면 영상 전략을 내 계정에 맞게 잘 응용해 보자. 분명 효과가 있을 것이다.

[그림 30] 메디쌤의 첫 화면

3. 첫 줄

첫 줄은 플랫폼마다 영역이 조금 다르지만, 사람들이 처음 접하는

[그림 31] 리지팍의 첫 줄

텍스트라고 보면 좋을 것 같다. 인스타의 경우 캡션(본문)의 첫 번째 줄이 될 것이고, 유튜브나 클럽의 경우 텍스트 제목이 될 것이다. 이 첫 줄은 사람들이 유일하게 볼 수 있는 텍스트여서 한 번 더 후킹할 수 있는 기회가 된다. 특히 인스타는 텍스트를 길게 쓸 수 있어서 첫 줄 후킹이 매우 중요하면서도 효과적이다.

02
숏폼의 퀄리티 높이기

1. 기술적인 요소 – 화질, 음질, 효과음과 스티커

숏폼이 처음 나왔을 때는 아무거나 올려도 괜찮았다. 숏폼을 하는 사람이 적고, 퀄리티도 다 고만고만했기 때문이다. 하지만 이제는 달라졌다. 정말 많은 사람이 숏폼을 만들어 올리면서 우리는 수많은 숏폼을 만나게 된다. 그런 만큼 보는 사람의 눈도 높아졌다. 더 좋은 콘텐츠를 보고 싶어 한다. 이제는 퀄리티가 좋은 숏폼이 중요해졌고, 앞으로도 더 중요해질 것이다.

특히 비즈니스를 하는 사람이라면 숏폼의 퀄리티는 더욱 중요하다. 숏폼 하나하나가 회사나 상품을 홍보해 주는 역할을 하는 것이다. 콘텐츠가 허접하면 사람들은 회사나 상품도 허접하다고 생각한다. 이제 숏폼은 비즈니스에서 신뢰도와도 직결된다. 잘 만든 숏폼은 내 회사를 대표하고, 내 상품을 믿고 구매해도 된다는 메시지를 전하게 된다. 그래서 숏폼의 퀄리티를 레벨업 해야 한다. 디테일한 것까지도 신경 써야 한다.

나는 인스타를 하기 전, 영상을 만들어 본 적도 없었고, 영상에 관심도 없던 사람이었다. 이런 나도 매일 매일 조금씩 하다 보니 기본 이상으로 영상을 만들 수 있게 되었다. 하지만 기본 이상으로 영상을 제작하는 사람은 나 말고도 많았다. 그래서 눈에 띄는 콘텐츠를 만들기 위해서는 계속 레벨업을 해야 했다. 어떻게 하면 더 눈길이 가는 콘텐츠를 만들지를 고민하면서 디테일을 잡아갔다. 마침내 다음 세 가지를 잡고 난 후, 정말 많은 사람에게 숏폼에 대한 칭찬을 받을 수 있었다.

화질

화질이 좋고 선명하면 일단 콘텐츠의 퀄리티가 어느 정도는 좋아 보인다. 아무리 잘 만든 콘텐츠도 화질이 안 좋으면 편집 스킬도 묻혀버린다. 선명한 화질은 보는 사람에게 신뢰도를 높여준다. 콘텐츠를 잘 만든다는 것으로 '나' 또는 '내 가게(회사)'의 역량을 파악해 버리기도 한다. 해상도는 촬영할 때부터 제대로 잡고 촬영해야 한다. 낮은 해상도로 촬영한 영상을 고화질로 바꾸는 건 어렵다. 처음부터 제대로 설정하고 촬영하자. 숏폼은 선명한 화질로 사람들의 마음을 사로잡아야 한다.

음질

화질만큼 중요한 것이 바로 음질이다. 요즘 사람들은 대부분 이어폰을 하나씩 귀에 꽂고 다닌다. 외부 소음이 차단되면서 음질이 더욱 선명하게 다가올 수밖에 없는 환경이다. 그렇다 보니 음질이 좋지 않으면 아무리 좋은 정보와 이야기라도 계속 듣기가 힘들어 다음 페이지로 바로 손가락이 움직여 버린다.

이런 상황에서 음질을 높이고 싶다면 영상을 촬영하고 녹음할 때부터 장비를 사용해서 찍는 것이 좋다. 마이크에 신경을 쓰고 싶다면 마이크 가격도 만만치 않게 올라간다. 하지만 숏폼을 가볍게 만드는 상황이라면 일단 만 원짜리 핀 마이크라도 사용하는 것이 좋다. 나도 처음엔 핀 마이크로 시작했다가 지금은 무선 마이크로 업그레이드를 했다. 스마트폰과 거리를 두고 촬영할 일이 많다면 무선 마이크를 사용하는 것도 좋다. 녹음된 음성에 소음이 있다면 편집 툴의 노이즈 제거나 음성보정 같은 기능을 이용해서 음질을 잡을 수도 있다. 어떻게든 더 좋은 음질로 만들 수 있도록 노력해 보자. 음질 또한 콘텐츠 시청 지속 시간에 큰 영향을 준다는 것을 기억하자.

효과음과 스티커(아이콘)

숏폼은 시각과 청각을 자극할수록 좋다. 영상 속에 귀여운 강아지가 나온다면 강아지가 움직이는 것을 소리로 효과음을 넣어 표현해 보자. 귀여움이 배가 될 것이다. 아기가 나올 때면 아기 목소리 같은 귀여운 효과음을 써보자. 효과음 때문에 더 귀엽고 재미있어질 것이다. 효과음은 아주 디테일한 요소라 없어도 괜찮아 보이지만, 적재적소에 쓰였을 때는 콘텐츠의 퀄리티를 배로 높여주는 효과가 있다. 귀여운 것을 더 귀엽게 해주고, 무서운 것을 더 무섭게 만들어 준다. 우리가 많이 보는 TV프로에도 쉴 틈 없이 효과음이 튀어나온다. 청각적으로 쉼 없이 자극을 주며 콘텐츠에 몰입할 수 있게 도와주는 것이다.

또, 효과음만큼은 아니지만, 스티커를 넣어주는 것도 도움이 된다. 한때 최고의 예능 프로였던 무한도전에서 많이 쓰던 해골 모양의 아이콘이 있다. '무도 해골'이라고도 불리는 이 아이콘은 무도 출연자들이 정신적으로 어떤 타격을 입었을 때 화면에 뜨면서 유명해졌다. 영상에서 표현하기 어려운 출연자들의 감정을 별도의 설명 없이 해골 아이콘 하나로 끝내버렸다. 이처럼 아이콘은 영상의 부연 설명을 도와주기도 하고, 말로 하기 어려운 감정을 표현해 주기도 한다. 또한 적재적소에 잘 들어가 주면 집중도를 높이는 데 도움을 준다. 특히 아이콘이 튀어나올 때 맞춰 그에 맞는 효과음을 넣어주면 효과는 배가 된다. 콘텐츠의 완성도는 디테일에서 결정된다. 이런 작은 디테일에 신경 써보자. 어느새 숏폼 장인으로 불리게 될 것이다.

2. 지식의 저주 극복하기

지식의 저주란 내가 아는 것을 다른 사람도 알 거라 착각하는 것을 말한다. 콘텐츠 크리에이터 사이에서 많이 쓰는 말로, '이 정도는 다들 알겠지.' 하는 마음으로 콘텐츠를 어렵게 만드는 사람을 지식의 저주에 빠졌다고 표현한다. 하지만 '이 정도는 다들 알겠지'에서 '이 정도'를 알려줘야 한다. 아니 어쩌면 그보다 더 쉬운 것을 알려줘야 한다. 내 분야에서는 많이 쓰이는 말일지라도 초보자나 일반 대중은 전혀 모르기 때문이다. 더 많은 사람이 내 콘텐츠를 보길 원한다면 쉬워야 한다. 무조건 쉽게 알려줘야 한다. '이런 것까지 알려줘야 해?'라고 생각하는 것을 콘텐츠로 만들어 보자. 나에겐 너무 유치하고 쉬운 것이 누군가에게는 유용한 정보가 된다.

전문가가 숏폼을 하는 것이 어려운 이유가 바로 이 '지식의 저주' 때문이다. 이미 자신의 분야에서 너무 많은 경험과 지식을 쌓은 전문가는 정말 쉬운 것이 뭔지 감을 잡지 못한다. 게다가 이렇게 쉬운 것을 알려주는 것이 전문성을 해친다고 생각하기도 한다. 사실은 그렇지 않다. 전문적인 부분은 다른 방법으로 어필하면 된다. 책을 쓴다거나, 심화반 강의를 만들 수도 있다. 성과를 보여줘도 좋다. 쉽게 알려주는 친절한 전문가가 되어보자. 쉽게 알려줄수록 오히려 더 인정받게 된다. 일단 숏폼은 쉽고 재미있으면 조회 수가 나온다. 쉽게 더 쉽게 이야기하려고 노력해 보자.

3. AI 도움받기

챗GPT와 같은 생성형 AI가 많아지면서 이제는 AI를 이용해서 콘텐츠를 만드는 사람들이 늘고 있다. 나는 최근에 주제부터 내용, 영상까지 모두 AI에 의존해서 콘텐츠를 만드는 사람들을 보며 혼란스럽기도 했다. 이런 모습에 대해 나는 이렇게 생각한다. 제대로 된 퍼스널 브랜딩을 하고 싶다면 AI에 의존하지 않아야 한다고. AI에 의존하는 콘텐츠가 많아질수록 진짜 내가 만든, 인간이 만든 콘텐츠가 빛을 발할 거라고. 물론 내 생각이 시대에 뒤떨어진 것일 수도 있다. AI가 모든 것을 다 해준다면 쉽고 편할 것이다. 어려운 길로 갈수록 인생이 유리해진다고 생각하는 나로서는 AI가 만들어 낸 콘텐츠로 브랜딩을 한다는 것이 사실 용납되지 않는다. 하지만 이제는 AI를 전혀 쓰지 않을 수가 없는 시대이기도 하다. 내 머리의 한계를 AI가 채워줄 수 있고, 내가 부족한 부분을 도움받을 수 있다. 이처럼 AI도 현명하게 쓰는 것이 필요하다.

콘텐츠를 만드는 주체는 일단 '내'가 되어야 한다. 내가 전반적으로 기획을 하고 콘텐츠의 퀄리티를 높이기 위해 AI를 활용해 보자. 예를 들어 구상한 제목이 아쉬울 때, "내가 지은 제목보다 더 좋은 후킹 제목 알려줘."라고 질문해 보자. 그러면 내가 생각하지 못했던 더 좋은 제목을 알려줄 것이다. 대본을 썼는데 너무 구구절절하고 정리가 안 될 때는 이렇게 요청해 보자. "이 대본을 좀 더 자연스러우면서 간결하게 정리해 줘." 또는 "이 대본을 읽었을 때 20초 분량으로 정리해 줘." 이렇게 일차적인 기획은 '내'가 하되 이차적인 정리와 보완은 AI의 도움을 받아보자. 그러면 좀 더 깔끔하고 후킹 되는 콘텐츠가 완성될 것이다. 하지만 AI로 도움을 받아 콘텐츠를 만든 사람은 티가 난다. 사람의 경험이나 감정까지는 표현이 어렵기 때문이다. AI는 분명 정말 좋은 정보를 주기도 하지만, 그 글을 자연스럽게 다듬고 내 이야기에 감정을 실어야 진정한 개인 브랜딩을 위한 콘텐츠가 된다. AI는 절대로 콘텐츠를 만들어 주는 툴이 아니다. 나와 협업하는 존재라는 점을 명심하고 '현명하게' 사용해 보자.

4. 좋은 콘텐츠를 만드는 4가지 습관

미리미리 기획하기

콘텐츠를 만들어야지 하는 순간부터 앉아서 고민하기 시작했다면 오늘 안으로 콘텐츠를 만들기는 글렀다고 봐야 한다. 콘텐츠는 미리미리 구상해서 계획에 맞춰 콘텐츠를 만들어 올리는 습관을 길러야 한다. 나는 노션에 콘텐츠 플래너를 만들어서 일주일 치를 미리 기획하고 촬영한다. 이렇게 미리 기획해서 진행하면 콘텐츠를 꾸준히 만들어 올릴 수 있다. 기획을 갑자기 뚝딱하려고 하지 말자. 미리미리 계획을 잡고 기획해야 좋은 콘텐츠가 꾸준히 나올 수 있다. 이렇게 철저히 계획하고 기획하는 습관을 통해 콘텐츠를 만들다 보면 누구나 금방 잘 만들 수 있게 된다.

많이 보고 따라 하기

다른 사람은 어떤 콘텐츠를 올렸는지, 어떤 영상이 반응이 좋은지를 많이 봐야 한다. 많이 봐야 콘텐츠에 대한 감각이 생기며 최신 트렌드도 파악할 수 있다. 그리고 나에게 맞는 컨셉을 찾아 따라 해보려고 노력해야 한다. 따라 하라고 했다고 완전 똑같이 베끼라는 말은 절대 아니다. 내 컨셉이나 분야에 맞게 각색해서 만들어야 한다. 대본이나 제목을 나에게 맞도록 바꿔야 한다. 그대로 베끼다가 오해를 살 수 있으므로 참고를 해서 비슷한 콘텐츠를 만들어 보려고 노력해 보자. 흉내를 내려고 하다 보면 자연스럽게 실력이 늘고, 실력이 늘면 자연스럽게 콘텐츠 감각도 생기면서 나만의 색깔을 가지게 된다. 모방이 아니라 벤치마킹이다. 어차피 콘텐츠는 돌고 돈다. 대박 난 콘텐츠를 현명하게 따라 해보자.

자주 만들어 보기

이건 콘텐츠뿐만 아니라 모든 것이 그렇다. 뭔가 잘하기까지는 수많은 연습과 시간이 필요하다. 지금 막 콘텐츠 기획과 영상편집을 배운 사람이 한 번에 잘하는 것은 있을 수 없는 일이다. 누구나 잘하지 못하는 시절이 있다. 허접한 콘텐츠를 만들어 봐야 걸작을 만들 수도 있다.

그 과정에서 끊임없이 만들어 보고 시도해 보며 조금씩 레벨업을 해 나가야 한다. 한 번에 갑자기 잘할 수는 없다. 잘하기까지 시간이 걸린다는 사실을 인정하자. 인정하고 나면 내가 잘하지 못하는 시간을 버틸 힘이 생긴다.

나 또한 인스타를 처음 시작했을 때, 정말 아무것도 할 줄 몰랐다. 당시엔 카드 뉴스가 유행이라 다들 '캔바'나 '미리캔버스'로 카드 뉴스를 많이 만들었다. 그런데 나는 당연히 이 프로그램을 처음 접해 보았다. 난생처음 보는 이 프로그램을 배우느라 고생했던 기억이 있다. 나는 모든 것을 돈 주고 교육받기보다 직접 해보면서 실력을 키웠다. 하나하나 눌러보고, 쓴 기능을 또 써보고, 계속 반복해서 작업하다 보니 실력이 자연스럽게 늘기 시작했다. 아무리 비싼 돈을 주고 배우더라도 내가 하지 않으면 아무 소용이 없다. 한번은 숏폼을 만드는 방법에 관해 기초 강의를 한 적이 있었다. 이때 정말 최악의 강의 평가를 받았다. 어떤 수강생이 여러 항목에 걸쳐 1~2점을 매기고 내 강의에 대한 문제점을 이렇게 남겼다. '결국 실행을 반복해야만 한다는 것인가요?' 이렇게 질문을 남긴 수강생에게 직접 대답할 기회가 없어 무척 아쉽게 느낀다. 내가 이 수강생에게 하고 싶었던 대답이다. "맞습니다. 스스로 직접 반복해서 실행해야만 실력을 키울 수 있습니다. 잘하려면 누구에게나 수많은 연습과 훈련의 시간이 필요합니다. 저는 그 방법을 알려드렸을 뿐, 결국 숙련하는 과정은 당신의 몫입니다."

평소 영상편집을 한 번도 해보지 않은 사람을 대상으로 많은 강의를 하면서 느꼈다. 어떤 사람은 똑같이 처음 배웠지만, 재미를 느끼고 실력이 바로 업그레이드하기도 한다. 어떤 사람은 어렵고 난 못한다는 생각으로 제대로 배우려고 하지 않는다. 무언가를 잘하기 위해서는 흥미나 관심도 중요하지만, 앞으로 내가 잘할 수 있을 거라는 자신에 대한 믿음도 중요하다. 영상편집은 조금만 노력하면 누구나 잘할 수 있는 기술이다. 센스가 없어도 기본만 지키면 잘 만들 수 있는 것이 영상편집이다. 물론 누가 봐도 '와우!' 소리가 나는 고퀄리티 영상 콘텐츠는 더 많은 공부가 필요하겠지만, 일반적인 영상은 기초만 알아도 충분하다. 한번 만들어 놓은 툴을 반복해서 사용하기만 해도 된다. 그래서 숏폼으로 하는 브랜딩이 어렵지 않은 것이다. 지금 당장 어렵다고 해서 좌절하지 말자. 연습과 시간이 해결해 줄 것이다.

나는 지금도 가끔 내 계정에 남아 있는 옛날 피드를 보곤 한다. 지금 보면 참으로 허접하고 엉망인 콘텐츠이지만 내 역사라는 생각이 들어 지우지 않는다. 오히려 나도 예전엔 이런 식으로 만들었다며 사람들에게 동기부여 용도로 사용 중이다. 나 스스로 이렇게 발전한 나를 느낄 수 있어 예전의 허접한 콘텐츠가 부끄럽지 않다. 오히려 나의 자랑스러운 역사다.

데이터 분석하기

모든 플랫폼에는 게시물마다 데이터를 볼 수 있는 시스템이 있다. 여기에서는 사람들이 얼마나 이 콘텐츠를 지속해서 봤는지, 시청 지속 시간과 이 콘텐츠에 얼마나 반응했는지, 팔로워 유입이 얼마나 됐는지, 조회 수가 얼마인지 등 콘텐츠마다 디테일한 데이터를 확인할 수 있다. 우리는 이런 데이터를 통해서 콘텐츠를 분석할 수 있다. 이때 반응이 낮은 콘텐츠를 분석해서 패인을 찾기보다는 반응이 좋고, 결과가 좋은 콘텐츠를 분석하고 그와 비슷한 콘텐츠를 꾸준히 발행해 보자. 데이터를 볼 줄 안다는 것은 사람들이 원하는 것을 안다는 것과 같은 의미다. 내 콘텐츠 중에 사람들이 더 많이 반응하는 것이 무엇인지를 확인하고 그 니즈를 맞춰주자. 그러면 계정도 함께 성장할 것이다.

03
팔로워 수를 높이는 특급 전략

우리가 SNS에서 콘텐츠를 올리다 보면 연연하게 되는 것이 있다. 바로 팔로워(구독자) 수다. 결국 내 계정의 팔로워 수를 늘리기 위해 콘텐츠를 발행하는 것이다. 팔로워 수는 말 그대로 SNS의 모든 것이라고 해도 과언이 아니다. 우스갯소리로 "팔로워 수가 깡패다."라고 말할 정도다. 팔로워 수가 많아지면 정말 많은 기회가 찾아온다. 팔로워 수만큼 내 몸값이 올라간다. 팔로워 수는 SNS에서 그 사람을 평가하는 지표가 되기도 한다. 팔로워 수가 높으면 소위 있어 보이는 느낌을 주기에, 이 숫자에 매몰된 일부 사람들은 돈을 주고 아무 의미 없는 팔로워를 구매하기도 한다. 하지만 '좋아요'나 팔로워를 구매하는 행위는 내 계정을 돈을 주고 망가뜨리는 것과 다름이 없다. 구매로 이뤄진 팔로워는 내 콘텐츠에 반응해 주지 않는다. 내 콘텐츠를 외면하는 팔로워가 많아질수록 플랫폼에서는 이렇게 생각한다. '이 콘텐츠는 팔로워도 보지 않는 콘텐츠군. 노출해 주지 말아야겠다.' 이런 상황이 반복될수록 점점 내 계정의 노출과 도달률이 떨어지면서 말 그대로 죽은 계정이 된다. 특히 비즈니스 하는 분들이 팔로워 구매를 많이 하는데, 구매 전환이 되지 않는 팔로워 숫자는 정말 의미가 없다. 팔로워는 건강하게 모아야 한다. '나'에게 관심이 있고, '내 콘텐츠'에 공감하고 반응해 줄 진짜 팔로워를 모아야 한다. 진짜 팔로워는 어떻게 모을 수 있을까?

이를 위해서는 팔로잉이 어떤 의미인지를 제대로 알아야 한다. 누군가를 팔로잉, 곧 콘텐츠를 구독하는 이유는 기대감 때문이다. 앞으로도 나에게 필요한, 좋은 정보를 줄 것이라는 기대감, 지금 이 사람이 하는 것이 앞으로 어떻게 펼쳐질지에 대한 기대감, 앞으로 들려줄 이야기에 대한 기대감, 앞으로 나에게 도움이 되거나 필요하거나 앞으로도 나에게 재미를 줄 것이라는 기대감이 생기면 우리는 주저 없이 팔로잉 버튼을 누르게 된다. 나에 대해 기대하게 하려면 어떻게 해야 할까?

1. 일관성 전략

나는 콘텐츠의 일관성에 대해서 정말 많이 고민했다. 일관성을 얘기하려면 콘텐츠를 생산하는 사람의 입장과 보는 사람의 입장을 철저히 분리해서 생각해 볼 필요가 있다. 콘텐츠를 만드는 사람으로서는 매번 새로운 모습을 보여줘야 한다는 강박에 시달린다. '계속 똑같은 모습을 보여줘도 괜찮을까? 그러면 안 되지 않을까?' 하는 걱정을 한다.

하지만 반대로 콘텐츠를 소비하는 사람 입장에서 생각해 보자. 숏폼을 보면서 쉬려고 유튜브, 인스타를 켠다. 숏폼 탭을 들어가서 손가락만 움직이면 수많은 콘텐츠를 만나게 된다. 그러다 우연히 '나'라는 사람의 콘텐츠를 발견한다. 콘텐츠 스타일이 꽤 마음에 든다. 콘텐츠에서 주는 메시지에 공감이 간다. 그 사람의 프로필을 들어가 본다. 들어갔는데 내가 처음에 만났던 콘텐츠와는 전혀 다른 콘텐츠가 있다면, 기대감이 깨지며 팔로잉 버튼을 누르지 않고 곧바로 이탈하게 될 것이다. 이처럼 팔로잉은 다음 콘텐츠에 대한 '기대감'으로 이루어지는 행동이다. 이 기대감을 만들기 위해서는 일관된 컨셉이나 메시지로 어필하는 것이 중요하다. 어차피 다양한 콘텐츠는 다른 곳에서도 많이 볼 수 있다. 내 취향에 딱 맞는, 내가 볼만한 콘텐츠를 만드는 사람을 구독한다고 생각했을 때, 콘텐츠 생산자가 자신만의 컨셉을 잡고 일관성을 유지하는 것이 오히려 유리하다. 매번 새로운 모습은 사람들에게 '나'를 인식시키는 것을 어렵게 한다. 계속 일관된 컨셉을 반복하는 것이 오히려 유리하다.

인기 TV 프로그램을 한번 생각해 보자. JTBC 인기 프로인 '아는 형님'은 늘 같은 학교, 같은 교실 컨셉에 게스트는 항상 전학생으로 등

장한다. 비슷하게 놀리고 웃기며 1교시를 보내고 2교시에서는 게임을 하며 웃음을 준다. 이 컨셉을 10년 가까이 지속하고 있다. 사람들이 이 컨셉에 질렸을까? 전혀 아니다. 오히려 이 컨셉은 아는 형님의 시그니처가 되었고, 이 컨셉에서 재미를 느낀 사람은 애청자가 되었다.

KBS의 장수 예능 프로인 '1박 2일'은 무려 2007년부터 지금까지 방영하고 있다. 2007년부터 한결같이 시즌별로 고정된 남자 패널들이 1박 2일로 국내 여행을 떠난다. 같은 컨셉에 비슷한 상황은 시즌이 바뀌어도 계속되고 있다. 가장 핫했던 시즌 1에서는 매번 까나리 벌칙을 받고 추운 겨울이면 입수를 했다. 매주 똑같은 모습을 보여줬지만 우리는 그 모습을 또 보려고 1박 2일을 찾는다.

최근 엄청난 인기를 몰고 있는 연애 프로그램인 '나는 솔로'를 생각해 보자. 매번 똑같은 포맷 안에 출연하는 사람만 달라진다. 심지어 나오는 사람의 본명을 쓰지도 않는다. 영수, 광수, 옥순, 영자로 늘 같은 이름을 사용한다. 매회 반복되지만, 그 안에 나오는 디테일한 내용만 바뀌는 것이다.

이렇게 장수하는 TV 프로그램은 함부로 컨셉을 바꾸지 않는다. 그 컨셉이 자신들의 시그니처이자 애청자가 생기는 이유이기 때문이다. 우리에게도 애청자를 만들고 싶다면 일관성 있는 컨셉과 메시지가 필요하다. 반복하는 것을 두려워하지 말자. 구독자는 나의 다양한 모습보다는 한결같은 모습을 원하고 있다.

2. 자동화 전략

2024년부터 자동화 시스템이 인스타에까지 적용됐다. 바로 댓글, DM 자동화다. 똑똑한 유저들은 이 자동화 전략을 자신의 계정을 키우는 데 활용하기 시작했다. 이런 멘트를 한 번쯤은 본 적이 있을 것이다. '○○ 댓글을 달아주시면 DM으로 보내 드릴게요.' 댓글에 요청한 댓글을 달면 자동으로 DM이 발송되는 '매니챗' 프로그램을 사용하기 시작한 것이다.

[그림 32] 매니챗 로고

진정한 소통을 장려하던 인스타가 어째서 이 자동화 소통 시스템을 내버려 두는지는 아직도 의문이기는 하지만, 이 전략을 잘 사용한 일부 유저들은 3개월, 6개월 만에 만 단위 팔로워를 만들면서 빠르게 인플루언서가 되기도 했다. 나는 개인적으로 자동화 프로그램을 쓰는 것을 편법이라 생각했지만, 생각을 바꾸니 이것도 전략이라 볼 수 있었다.

인스타 자동화 전략에는 장단점이 있다. 장점부터 말하자면 팔로워 전환율을 극대화할 수 있다. 80만 조회 수가 나왔던 콘텐츠에서 팔로워가 1,600명이 늘었는데, 자동화 프로그램을 연결한 콘텐츠는 조회수 30만에 팔로워가 3,000명이나 늘었다. 팔로워 전환율을 극대화하는 방법으로는 자동화가 정말 좋다. 하지만 치명적인 단점이 있다. 팔로우 취소량(팔취)이 많다. 단기적으로 자료만 받기 위해서 팔로우를 했다가 자료를 받고 나서 팔취를 하는 경우가 매우 많다. 또, 받은 자료가 허접하다고 느끼는 순간 고민 없이 팔로잉 취소 버튼을 누른다. 전달하는 자료의 퀄리티가 좋아야 팔취를 막을 수가 있지만, 그래도 팔취가 많은 건 어쩔 수 없는 단점이다. 매번 양질의 정보를 준비하는 것도 사실 쉬운 일이 아니다. 또, 정보만을 받기 위한 팔로워가 많아지기 때문에 팔로워와의 유대관계도 낮아진다. 자동화 프로그램을 사용할수록 소통에 더욱 신경을 써야 한다.

분명 앞으로 매니챗 외에 새로운 자동화 프로그램과 그에 관련된 새로운 전략이 많이 생길 것이다. 그럴 때마다 무조건 나쁘게 바라보기보다 현명하게 적용해 보는 것을 추천하고 싶다.

3. 스토리 전략

자신의 이야기로 브랜딩을 하는 사람을 심심치 않게 볼 수 있다. 사람들은 자신이 살아보지 않은 삶에 대해 막연한 동경심이나 호기심이 있다. '나 혼자 산다'와 같은 관찰 예능 프로가 인기를 끈 것은 이런 이유 때문이다. 이렇듯 사람들은 다른 사람의 삶을 궁금해하면서 카페를 하는 사장님의 삶, 아이 셋을 키우는 워킹맘의 삶, 독특한 직업을 가진 사람의 삶, 늦은 나이에 도전하는 사람의 삶 등등 다양한 삶의 모습을 콘텐츠로 만나고 그들과 공감하고 팬이 되기도 한다. 지금 이 삶이 나에겐 일상이지만 누군가에게는 동경의 대상이거나 관심사가 될 수도 있다. 지금까지 살아온 삶이 나에겐 악몽 같은 순간이었을지 모르지만, 그것을 이겨낸 모습이 누군가에게는 동기부여가 되고, 또 위험을 미리 방지할 수 있는 좋은 정보가 되기도 한다. 이렇듯 내 스토리는 생각보다 쓸모 있다. 그리고 생각보다 강력하다.

그런 만큼 콘텐츠 하나하나에 내 스토리가 실릴 수 있도록 해보자. 정보를 주더라도 내가 이 정보를 얻게 된 스토리를 함께 이야기해 보자. 내가 경험을 통해서 얻은 정보를 알려주는 것도 좋다. 또는 내 삶을 이야기하며 비슷한 사람과 공감대를 형성해 보자. 내 생각을 솔직하게 말하고, 내 상황을 이야기하는 것이 다 스토리가 된다. '내가 무슨?', '누가 이런 걸 궁금해하겠어?' 이런 생각은 버려도 좋다. 생각보다 사람들은 남의 일에 관심이 많다. 개입하는 것은 싫어하지만 구경하는 것은 좋아한다. 콘텐츠로 나의 삶을, 생각을 구경시켜 준다고 생각해 보자. 그렇게 우리의 삶을 구경하는 사람이 많아질수록 계정은 성장하고, 구경하다 보면 정이 들고 그렇게 팬이 되기도 한다. 우리의 삶은 모두 스토리다.

04
찐팬을 만드는 스토리텔링 기획법

　앞에서 스토리 전략에서도 설명했지만, 스토리의 힘은 강력하다. 스토리로 나를 접한 사람은 정보로 접한 사람보다 나를 기억할 확률이 13배나 높다. 이 한 가지 사실 만으로도 내 스토리를 콘텐츠로 만들어야 하는 이유가 된다. 정보만 전달해도 내 콘텐츠를 통해 도움을 받았다고 생각하고 고마워하는 사람이 분명 있지만, 그들은 정보만 기억할 뿐 '나'라는 사람을 제대로 기억하지 못한다. 그 정보를 어떻게 얻었는지, 그 정보를 위해 내가 어떤 경험을 했는지를 함께 이야기해야 한다. 그래야 찐팬을 만들 수 있다. 그러면 찐팬을 만드는 스토리텔링은 어떻게 해야 할까?

1. 변화 보여주기

사람들은 누군가의 변화를 보며 동기부여를 받는다. 원래부터 뛰어난 사람을 보면 불공평함을 느낄 수도 있지만, 나와 비슷한 상황에서 어려움을 극복하고 무언가를 변화시킨 사람을 보면 깊이 공감하고 용기를 얻는다. 그렇기에 나 역시 그런 모습을 보여줄 필요가 있다. 사람들은 말만 잘하는 사람을 좋아하지 않는다. 오히려, 실제로 말한 대로 행동하고 변화를 이뤄낸 사람에게 신뢰를 느끼고 함께하고 싶어 한다.

특히 자기계발, 독서, 재테크 등과 같이 '인생이 바뀐다'라는 말을 자주 하는 분야에서 콘텐츠를 만든다면, 변화에 집중해야 한다. 책을 읽으라고 백번 말하는 것보다, 내가 이 책을 읽고 어떻게 변화했는지를 보여주는 것이 훨씬 설득력 있다. 재테크를 공부하면 인생이 바뀐다고 반복해서 말하는 것보다, 자신의 과거와 현재를 비교해 보여주는 것이 사람들의 마음에 훨씬 더 와닿을 것이다. 또한 다이어트나 운동 관련 계정에서도 변화의 과정을 보여주는 것이 효과적이다. 다이어트 전후 사진과 함께, 다이어트 전에 어떤 모습이었고 이후 어떻게 변했는지, 그리고 그 과정이 어땠는지를 이야기한다면, 다이어트를 결심한 사람들에게 신뢰감을 줄 뿐만 아니라 강한 동기부여까지 할 수 있다.

우리는 스스로 하지 못했던 일을 먼저 해낸 사람, 그리고 그로 인해 원하는 삶으로 변화한 사람을 믿고 따르게 된다. 결국, 그 스토리가 팬을 만들어 준다.

2. 약점 극복하기

사람들은 대부분 퍼스널 브랜딩이라고 하면 잘난 모습만 보여줘야 할 것 같고, 자신을 포장해야 한다고 생각한다. 물론 멋진 모습, 남이 부러워할 만한 모습을 보여주는 것도 중요하다. 하지만 매번 잘난 척만 하는 사람을 좋아하는 사람은 없다. 앞에서는 "멋있어요~."라고 할지언정 뒤에서는 재수 없다고 하는 경우가 많다. 그래서 '잘난 척'에도 스토리가 있어야 한다. 내가 원래부터 잘난 것이 아닌데 약점을 극복해서 잘나게 된 것을 얘기하면 사람들은 거기서 또 공감대와 동기부여를 받는다. 나에게 약점이라서 포기했던 것을 누군가는 극복하고 이룬 스토리를 보며 나도 할 수 있다는 용기를 얻는 것이다. 요리를 못했던 사람이 요리를 잘하게 됐다거나, 춤을 못 추던 사람이 콘텐츠가 늘어갈수록 춤을 잘 추게 되는 것도 하나의 스토리가 된다. 찢어지게 가난한 집에서 태어났지만 자수성가한 스토리는 모두가 열광하는 스토리다. 처음부터 잘난 모습이 아닌, 못남을 극복한 이야기를 해보자. 누군가는 그 이야기에 용기를 얻고 나의 팬이 될 것이다.

3. 소신 발언하기

　사람들은 이제 뻔한 말에 지쳤다. 늘 비슷한 콘텐츠와 비슷한 이야기에 염증을 느낀다. 이럴 때, 자신만의 소신 있는 의견을 당당하게 이야기하는 사람이 있다면, 단숨에 사람들을 사로잡을 것이다. 다들 남 눈치 보느라, 혹시나 악플이 달리거나 반대의견이 있을까 봐 움츠릴 때, 자기 생각을 당당하게 이야기하는 사람을 보면 멋지다는 생각이 든다. 그리고 그 생각에 동의하는 사람이 모여든다. 그래서 자신의 이야기와 생각을 가감 없이 말하는 사람에게는 충성 팬이 많다. 서로가 찐하게 공감하는 사이이기 때문이다. 하지만 대부분 악플이 달리거나 논쟁에 휘말려 척질까 봐 자기 생각을 당당하게 말하는 것을 어려워한다.

　이제는 생각을 바꿔보자. 사람마다 생각이 다르고, 생각이 다를 수 있음을 인정하는 것이 중요하다. 어차피 내 생각이 틀렸다고 생각하는 사람은 내 팬이 되지 않을 것이다. 내 생각에 동의하는 사람만으로도 충분하다. 대신에 소신 발언으로 누군가에게 상처를 주지 않으려면 솔직함과 무례함을 구분할 줄 알아야 한다. 솔직함과 무례함은 다르다. 다른 사람에게 상처를 주는 솔직함은 무례함이 될 수 있다. 이것만 구분한다면 누군가가 내 팬이 안 될지언정 적이 되는 일은 없을 것이다. 솔직한 생각을 이야기해 보자. 용기 있는 사람이 찐팬을 얻는다.

> **리지팍의 어드바이스**
> **악플은 어떻게 대처해야 할까?**

악플은 '악惡'과 영어의 'reply'를 합친 말로, 누군가 고의로 쓴 '악의적인 댓글'이다. 다시 말해 무시해도 된다는 뜻이다. 나쁜 마음을 먹은 누군가의 악의적인 댓글에 일일이 대응하기에는 우리의 시간과 에너지가 너무 아깝다. 물론 악플을 보는 순간 심장이 두근대고 손발이 떨리며 감정적으로 타격을 받을 수도 있다. 나 또한 악플을 받고 마음에 상처를 받은 적이 있다. 하지만 나는 그럴 때마다 그냥 악플을 삭제하거나 해당 계정을 차단했다. 대응할만한 가치가 없기 때문이다. 초반엔 몇 번 대응도 해봤는데, 내가 대응을 한다고 마음을 고쳐먹을 사람들이 애당초 아니기에 그냥 그 사람들이 다시는 나를 보지 못하도록 설정하는 방법을 선택했다. '그렇게 불만이 많으시면 다시는 제 게시물이 안 보이게 해드릴게요.' 하면서 말이다. 어떤 사람은 오히려 악플을 댓글 상단에 고정해 두고 공개 처형을 하기도 한다. 그러면 찐팬들이 댓글을 보고 대신 싸워주기도 하는 재밌는 현상이 일어난다. 악플을 대응하는 것도 각자마다 방식이 있다. 자신의 마음이 다치지 않는 선에서 해결해 보자. 악플은 내가 마음 쓸 만큼 중요한 요소가 아니다. 나한테는 내 이야기를 들어주고 공감해 주는 사람이 더 중요하다.

4장

수익화 전략

"SNS 왜 시작하셨어요?"라고 물어보면 "돈 벌고 싶어서요."라고 대답하는 사람이 많다. 어느 순간부터 SNS 수익화에 관한 이야기가 넘쳐나고 월 1,000만 원은 대수롭지 않은 듯이 말하는 사람들까지 생겨났다. 또, SNS '공동구매'를 통해 평범했던 주부가 부자의 반열에 올라가 삶이 바뀌는 것을 보면서 너도나도 수익화를 꿈꾸기 시작했다. SNS를 직업으로 여기는 사람도 있고, 실제로 SNS 수익만으로 생계를 유지하는 사람도 많다. 이처럼 SNS는 실제로 돈을 벌 수 있는 수단이다. 하지만 주의해야 할 점도 많다. 사람들이 환상을 갖고 몰리는 곳엔 언제나 사기꾼이 도사리고 있기 마련이다. 어딜 가든 빠르고 쉽게 돈 버는 법을 알려주는 것은 조심해야 한다. SNS도 마찬가지이다. 빠르고 쉬운 성공을 외치는 시대이지만, 바르게 제대로 수익화하는 방법을 배워야 한다.

　나 또한 현재 인스타를 통해 다양한 수익화를 하고 있고, 수익화를 안정시키기까지 많은 시간이 걸렸다. 수익화라는 게 단순히 팔로워만 많다고 되는 일이 아니다. 팔로워가 많으면 유리할 수 있지만, 팔로워가 적어도 얼마든지 수익화를 할 수 있다. 나는 첫 수익화를 인스타 팔로워 1,100명일 때 해냈고, 이후로도 소액이지만 꾸준히 수익화를 했다. 그리고 그 수입이 어느 정도 안정되었을 때, 그동안 해 오던 의류 사업을 그만뒀다.

　돈을 목표로 SNS를 시작하면 자칫 섣부른 실수를 할 수 있다. 우리는 너무 지나치게 돈을 밝히거나 자꾸 나에게 뭔가를 판매하려고 하는 사람을 별로 좋아하지 않는다. SNS를 돈으로 생각하기 시작하면 팔로워가 다 돈으로 보인다. 자꾸 그들을 통해 돈을 벌 생각만 하게 되는 것이다. 물론 돈을 벌기 위해 좋은 아이디어가 생기고, 이를 통해 수익화가 실현되는 것은 아주 좋은 일이다. 하지만 계정 초기부터 너무 돈만 생각하면 사람들과 신뢰를 쌓기가 어렵다. 당연히 팔로워가 많을수록 수익화가 쉽지만, 사람들에게 신뢰를 얻지 못하면 그 계정은 성장하기 어렵다.

　돈이 목표인 사람은 돈이 되어야 움직이는 경향이 있다. 그렇다 보니 SNS를 시작하기만 하면 돈을 벌 수 있을 것으로 허황한 꿈을 꾸는 사람은 돈이 안 되는 정체 구간을 이겨내지 못하고 그만두게 된다. 돈이 안 되니 할 이유가 없는 것이다. SNS에서의 활동은 돈이 되기까지 시간이 걸리기 때문에 우리는 돈이 안 되더라도 시간을 쓰고, 재능을 나누고, 누군가를 도우며 차근차근 사람들과 신뢰를 쌓아야 한다. 무료로 뭔가를 나누며 내가 손해를 보는 것 같은 시간도 있다. 하지만 이는 돈 이상의 가치를 분명 얻을 수 있는 시간이 된다. 나 또한 강연가가 되고 싶어 수없이 많은 무료강의를 했다. 돈도 안 되지만, 강의 준비, 강의 시간에 열과 성을 다했던 적이 있다. 돈은 못 벌었지만, 그 덕분에 강의력을 얻었고, 그 강의력을 실전에서 다 써먹을 수 있었으며, 무료강의로 팬을 얻었다. 이 시간은 돈으로 살 수 없는 것을 얻을 수 있게 했다. 절대 헛된 시간이 아니었다. 씨앗을 뿌리면 분명 언젠가는 싹이 자라고 열매를 맺는다. 씨를 뿌리고 기다려 보자. 기다리는 사람이 결국 나중엔 열매를 얻는다.

01
수익화 방법

SNS에서는 생각보다 다양한 수익화 방법이 있다. 그만큼 돈이 많이 흐르는 곳이다. 수익화 방법이 다양한 만큼 나에게 잘 맞는 수익화 방법을 고르는 것도 중요하다. 단순히 돈이 된다고 해서 시작했는데 그 방식이 나와 맞지 않는 것만큼 괴로운 일도 없다. 돈이 되는 게 중요한 것이 아니다. 진짜 중요한 것은 내가 그 일을 하면서 얼마나 행복할 수 있느냐는 점이다. 우리는 행복하게 돈을 벌기 위해 SNS를 운영하는 것이다. 가끔 조회 수 수익을 생각하고 SNS를 시작하는 사람도 있는데, 조회 수 수익은 SNS 수익화 방법에서 극히 일부에 불과하다. 쉽게 말하면 '부수입' 정도로 보면 된다. SNS에서는 훨씬 더 큰 돈이 움직이고 있고, 단순한 조회 수 수익 이상의 돈을 벌 수 있다. 지금부터 설명하는 4가지 수익화 모델을 보면서 나에게 잘 맞는 것이 뭔지를 생각해보자.

1. 지식 판매

　지식 판매는 SNS에서 자신을 브랜딩 하는 사람들이 가장 많이 활용하는 수익화 방법으로 강의, 코칭, 컨설팅, 전자책, 클래스 등이 지식 판매의 대표적인 형태다. 이러한 지식 판매는 '전문성'이 매우 중요하다. 사람들은 당연히 잘 모르는 사람에게 함부로 돈을 쓰지 않는다. 그래서 지식 판매로 수익화를 하려면, 평소 자신의 전문성을 콘텐츠로 많이 공개하며 신뢰를 쌓아야 한다. 무료로 공개한 콘텐츠는 모두 내 상품을 열심히 홍보하는 마케팅 콘텐츠가 된다. 무료 콘텐츠로 좋은 정보를 많이 준 사람일수록 유료 지식 판매로 전환했을 때 사람들이 구매할 확률이 높다. 따라서 강의 내용을 간단하고 쉬운 버전으로 만들어 콘텐츠를 올려보자. '이렇게 다 알려주면 돈 받고 지식 판매를 할 수 있을까?'라고 고민하는 사람도 있을 것이다. 하지만 콘텐츠로 다 제공하기 힘든 지식과 노하우도 분명 있고, 짧은 숏폼이나 텍스트로는 알려줄 수 없는 깊이 있는 내용도 많다. 오히려 좋은 정보를 아낌없이 제공할수록 사람들이 더 높고 깊은 노하우를 배우고 싶어 한다. 그리고 그런 무료 콘텐츠를 만들면서 나 또한 성장할 수 있다. 더 배우고 더 나누자. 지식 판매는 그렇게 해야 성공할 수 있다. 이런 지식 상품을 만들 때 두 가지를 고려해야 한다.

첫 째, 나만의 상품

이미 시장에는 수많은 강의, 챌린지, 클래스가 넘쳐나기 때문에 사람들은 뻔한 것을 원하지 않는다. 따라서 지식 상품에는 나만의 매력과 독창적인 시스템이 필요하다. 상품 기획도 남다름이 필요하다. 그래야 포화한 시장에서 선택받을 수 있다. 이때 필요한 것이 Mix 전략이다. 예를 들어 미라클 모닝과 무엇을 엮을 것인가? 독서와 무엇을 엮을 것인가? 그리고 뾰족한 타깃팅도 필요하다. 어떤 분야의 독서 모임을 할 것인가? 어떤 사람을 위한 클래스를 열 것인가? 성공하는 지식 상품은 절대로 대충 만들어지지 않는다.

둘째, 인원 관리 시스템

지식 상품의 가격과 운영 방식은 수요와 공급의 법칙에 따라 결정할 수 있다. 예를 들어 한정된 인원을 대상으로 깊이 있는 교육과 맞춤형 피드백을 제공하는 소수 대상 고가 방식, 그리고 인원 제한 없이 많은 사람에게 제공할 수 있는 시스템을 구축하여 진행하는 대중형 중저가 방식이 있을 수 있다. 어떤 방식을 선택하든, 지속해서 운영할 수 있는 시스템이 필요하다. 인원이 많아도 원활하게 돌아갈 수 있는 자동화 시스템을 갖추거나, 적은 인원이라도 높은 성과를 낼 수 있도록 1:1 맞춤형 구조를 설계해야 한다.

지식 판매는 자본금이 들지 않아 너도나도 뛰어들면서 사실 지금 포화상태라고도 볼 수 있다. 그렇다 보니 '강의 팔이'라는 부정적인 시각까지 생겨났을 정도이다. 하지만 적당한 가격에 정말 좋은 지식을 제공한다면 분명 이런 오명을 쓰진 않았을 것이다. 실력이 안 되면서 그럴듯하게 상세페이지를 꾸며놓고 높은 비용을 요구하는 사람이 늘어났고, 강의를 듣고 나서 실망하는 사람들이 많아지면서 이 시장 전체를 불신하는 분위기까지도 생겨난 것이다. 지식판매가 아무리 돈이 된다고 하더라도 사람의 욕망을 자극하여 장난치는 일은 없어야 한다. 내가 과연 그 금액을 받은 만큼 알려줄 수 있는 사람인지에 대해서 끊임없이 성찰하는 것이 필요하다.

2. 제품 판매

지식이 아니라 제품을 판매할 수도 있다. 흔히 많이 보는 공동구매가 가장 대표적인 제품 판매다. 직접 굿즈를 만들어 판매하거나 자신의 매장 상품을 판매하는 것도 제품 판매에 해당한다.

공동구매로 제품을 판매할 때는 무엇보다 직접 사용해 보고 그 경험을 기반으로 스토리텔링을 하는 것이 가장 효과적이다. 내로라하는 공동구매 진행자들은 제품 사용 경험을 스토리텔링으로 정말 잘 풀어낸다. 제품을 대놓고 판매하는 건데도 기분 나쁘지 않게 스토리를 잘 구성해 낸다. 제품의 기능만 강조하며 구매를 강요하는 콘텐츠에는 사람들의 마음이 움직이지 않는다. 제품을 사용하며 생긴 변화를 설명하거나 사용하면서 겪은 에피소드를 이야기할 때, 소비자에게 더 큰 신뢰를 주면서 제품을 자연스럽게 홍보할 수 있는 좋은 콘텐츠가 될 수 있다.

공동구매를 진행할 때 이벤트를 열어 자신의 제품을 체험할 기회를 주는 것도 좋은 마케팅 전략이다. 이렇게 하면 이벤트를 통해 상품에 화제성을 집중시킬 수 있고, 사람들에게 베푸는 좋은 이미지를 주면서 다음에 오픈하는 공동구매로 사람들을 집중시킬 수 있다.

공동구매 뿐만 아니라 자신이 직접 만든 제품을 판매할 수도 있다. 자신의 분야와 관련된 굿즈를 만들어 판매하거나, 공방이나 디저트와 같은 수제품을 만들어서 택배 주문을 받을 수도 있다. 이 경우 콘텐츠에 내 제품을 많이 녹여내는 것이 중요하다. 사람들은 처음 본 것에 낯설어하므로 은근히 그리고 자주 피드에 노출해야 한다. 자주 보다 보면 낯가림이 사라지면서 제품에 관심을 갖게 된다.

제품을 직접 만드는 사람이라면 제작 과정을 공유하는 것도 정말 좋은 홍보 수단이 된다. 사람들은 제품을 만드는 과정을 보며 재미를 느끼기도 하고 제품에 대한 믿음이 생기기 때문이다.

제품 판매는 쉬운 일이 아니다. 대기업 마케터만큼이나 상품에 관해 연구하고 관련된 콘텐츠를 만들 수 있어야 하기 때문이다. 그렇게 노력한 만큼 큰 수익을 얻을 수 있는 시장이라는 점도 틀림없다. 물론 내가 잘 팔아야 하는 것이 핵심이다.

끝으로 제품 판매를 할 때 주의할 점이 있다. 제품 판매는 신뢰가 정말 중요하다. 팔로워가 십만이 넘는 큰 계정도 판매에 너무 매진하다 보면 사람들의 관심이 멀어진다. 따라서 판매와 정보를 적절히 섞어 사람들의 이탈을 방지해야 한다.

제품 판매는 단순한 판매가 아니라 스토리텔링과 신뢰 구축이 핵심이라는 점을 기억해야 한다. 콘텐츠에 제품을 자연스럽게 녹이고, 신뢰를 쌓으며, 팔로워의 관심을 유지하는 전략이 장기적으로 성공하는 길이 될 것이다.

3. 광고, 제품 협찬, 원고료

어느 정도 계정이 성장하다 보면 자연스럽게 광고나 협찬 제안이 들어오기 시작하는데, 이는 어떤 플랫폼이든 비슷하다. 내가 먼저 제안을 할 수도 있지만, 보통은 해당 업체의 마케팅팀에서 인플루언서를 컨택해 다양한 방식으로 진행하는 경우가 많다.

이 중에서 협찬은 수익화의 허들이 가장 낮아서 수익화라고 해도 될지 모르겠지만, 어쨌든 내가 필요한 제품을 돈을 지불하지 않고 얻을 수 있으니 이것 또한 수익화라고 할 수 있다. 책과 같은 저가 제품은 상대적으로 협찬이 쉽게 이루어지지만, 가전제품처럼 고가의 제품은 협찬 허들이 매우 높다. 이렇게 계정이 성장할수록 더 비싼 제품을 협찬받게 되고, 광고료도 올라가게 되므로 사람들은 계정 성장에 더 집착하게 되는 것이다.

계정이 작을 때 협찬을 시작으로, 계정의 규모가 커지면서 협찬과 함께 광고비까지 포함되면서 수익이 커지게 된다. 분야에 따라 진행 방식이 다소 차이가 있는데, 예를 들어 책스타그램에서는 1,000명의 팔로워부터 협찬이 가능하고, 1만 팔로워가 되면 광고비도 받을 수 있다. 물론 전문성이 두드러진 계정이라면 팔로워 수가 1만이 되지 않더라도 광고비를 받을 수 있다. 작은 계정이라도 전문성을 갖춘 사람이 소개하는 광고는 큰 파급력을 지니기 때문이다. 광고를 맡기는 입장에서 평범한 사람보다 전문성이 있는 사람에게 맡기는 경우가 많기 때문에, 전문성은 수익화에서 매우 중요한 요소가 된다.

광고비를 결정할 때는 몇 가지 주의할 점이 있다. 광고비는 업체에서 먼저 제안하기도 하지만, 서로 협상해야 하는 경우가 많다. 업체는 최소한의 광고비를 쓰고 싶고, 인플루언서는 최대한의 광고비를 받고 싶어 하므로 이 단계에서 서로 눈치싸움이 벌어지기도 한다. 광고 제안이 올 때는 광고비를 물어보는 경우가 많은데, 이때 광고비를 스스로 책정할 수 있어야 한다. 팔로워 수에 따른 평균 광고비가 있긴 하지만, 내가 전문성이 있고 콘텐츠 퀄리티에 자신이 있다면 광고비를 좀 더 높게 요구할 수도 있다.

하지만 광고비를 무조건 많이 받는다고 해서 좋은 것은 아니다. 광고비는 결국 내 책임감이 따르는 비용이기 때문이다. 무턱대고 많은 광고비를 받았는데 그만큼 조회 수나 반응이 나오지 않았을 때 오는 불편한 마음도 분명 있을 수 있다. 조회 수는 보장된 것이 아니기 때문에 광고비를 받고 제작하는 콘텐츠에는 평소보다 더 심혈을 기울여야만 한다. 조회 수가 그리 높지 않아도 콘텐츠의 퀄리티가 좋으면 광고주로서도 만족을 하는 경우도 많다. 광고비를 받고 콘텐츠를 제작해 보는 것도 내 성장에 큰 도움이 된다. 약간의 부담감을 가지고 더 좋은 콘텐츠를 만들다 보면, 어느새 내 콘텐츠 실력도 향상되어 있을 것이다.

4. 커뮤니티 구독, 오프라인 모임

SNS는 사람을 모으는 곳이다. 사람이 모인다는 건 돈이 모인다는 뜻이다. 그래서 많은 사람이 다양한 커뮤니티를 위해 오픈 채팅방을 만들고, 각종 세미나를 주최한다. 이제는 커뮤니티가 돈이 되는 시대다. 누군가가 내 커뮤니티에 들어왔다는 것은 나에게 한 발짝 가까이 다가왔다는 뜻이고, 내가 주최하는 프로그램에 참여할 의사가 있다는 표현이기도 하다. 사람들은 이렇게 커뮤니티에 참여해서 그 안에 있는 사람과 어울리며 커뮤니티 활동에 깊게 참여한다.

커뮤니티는 불특정 다수를 모으는 오픈 채팅방으로 운영하기도 하고, 유료 프로그램을 이용하는 사람들을 위한 독립적인 공간으로 운영하기도 한다. 어느 쪽이든 커뮤니티 안에서 수익화의 70% 이상이 이뤄지는 경우가 많다. 이미 나에 대한 신뢰감이 높은 사람이 모여 있는 곳이기 때문이다. 이렇게 형성된 커뮤니티 구성원들은 비슷한 니즈를 가지고 있으며, 이러한 니즈를 파악해 프로그램을 개발하면 자연스럽게 참여를 유도할 수 있다. 이때 무조건 돈을 위해서가 아닌, 무료로도 다양한 프로그램을 만들어 제공해 보자. 무료로 참여한 사람들이 좋은 느낌을 받았다면 유료 프로그램으로 전환할 확률도 높아진다. 나를 보고 모인 사람에게 무엇을 제공하고, 어떻게 도와줄 수 있을지를 끊임없이 고민하다 보면 그 속에서 돈은 움직일 수밖에 없다. 그리고 그들은 나의 찐팬이 되어 다른 사람에게도 자연스럽게 커뮤니티를 홍보해 주는 최고의 영업사원이 된다.

사람들이 모인 곳엔 돈이 있다. 커뮤니티는 기업이나 광고 수익으로 연결되기도 한다. 모여 있는 사람들을 기업들이 가만둘 리 없다. 내가 사람을 많이 모았다는 사실이 알려지는 순간 다양한 협업 제안이 넘쳐날 것이다. 이처럼 커뮤니티의 힘은 강력하다. 따라서 커뮤니티 구성원으로부터 돈을 벌려고 하기보다는 그들이 진정으로 원하는 것을 제공하는데 집중하는 것이 중요하다. 그렇게 하다 보면 자연스럽게 그들 덕분에 돈이 벌리는 경험을 하게 될 것이다. 이를 위해서는 커뮤니티 구성원이 원하는 것이 뭔지를 깊이 고민할 필요가 있다. 정답은 바로 그 안에 있다.

같은 관심사를 가진 사람이 모인 오프라인 모임은 정말 매력적이다.

나는 다양한 오프라인 모임을 주최하며 그 매력을 많이 느꼈다. SNS를 하기 전, 독서 모임을 운영하면서 오프라인 모임의 힘을 실감했다. 코로나 시절임에도 불구하고 만나고 싶어 하는 욕구, 만나서 에너지를 받아 가는 모습을 보며 이 활동이 정말 의미 있다고 생각했다. 특히 단순한 즐거움을 넘어 성장하고자 하는 사람들이 모여 서로 이야기를 나눌 때는 강력한 동기부여가 되기도 했다.

하지만 오프라인 모임을 준비하는 것은 결코 쉽지 않다. 특히 인원이 많은 세미나를 개최할 때는 장소 섭외부터 시작해 신경 써야 하는 일이 정말 많다. 만약 많은 인원을 커버하기가 부담스럽다면, 우선 소규모 모임부터 시작해 보자. 많은 사람이 모일수록 당연히 수익이 늘어나겠지만, 이 모임을 수익화의 수단으로 바라보기보다, 내 성장과 의미 있는 사람들과의 만남으로 생각하고 경험을 쌓는 것이 중요하다. 소규모 모임을 진정성 있게 진행하면, 나중에는 더 많은 사람이 찾아오게 되면서 대규모 모임도 가능할 것이다. 이렇게 오프라인 모임이 성장하려면 무엇보다 '나'를 보고 싶게끔 브랜딩이 잘 되어 있어야 한다. 이를 위해 평소 사람들과 소통하며 꾸준히 관계를 쌓고, 좋은 콘텐츠로 어필해야 한다.

오프라인 모임에서는 원데이 클래스, 네트워킹, 강연, 독서 모임, 커피챗 등등 다양한 활동을 할 수 있다. 각 활동에서 주는 정보나 모임 퀄리티에 따라 가격을 책정할 수 있다. 나는 이런 오프라인 모임을 모두 개최한 경험이 있다. 내 경험에 의하면 각각의 모임은 각각의 매력이 있었다. 그리고 이런 모임을 통해 정말 좋은 사람과 인연을 맺을 수 있었다. 또, 내가 만든 판에서 사람들이 행복해하고 즐거워하며, 온라인 친구가 오프라인 친구로 발전하는 모습을 보며 큰 보람을 느끼기도 했다. 초반에는 멋모르고 오프라인 모임을 주최하면서 모임 참가비를 줄이기 위해 비용을 절감하려고 그저 그런 장소를 골라야만 하기도 했다. 지금 돌아보니 내 수익이 줄더라도 좀 더 좋은 곳에서 모임을 할 걸 하는 후회가 들었다. 오프라인 모임을 개최할 때 나를 믿고 먼 길을 온 사람들에게 대접하려고 해보자. 이런 디테일에서 사람들의 마음은 더욱 활짝 열리게 될 것이다.

5. 조회 수 수익

　조회 수 수익은 부수입이긴 하지만, 이를 수익화의 첫걸음으로 삼는 것도 좋은 전략이다. 아직 광고나 다양한 수익모델이 없는 상황에서는 조회 수 수익을 목표로 삼고 열심히 숏폼을 만들어 보는 것이 좋다. 예를 들어 유튜브 쇼츠와 네이버 클립은 각각 일정한 구독자 수와 재생 시간을 충족하면 수익화를 시작할 수 있다. 열심히 좋은 콘텐츠를 만들면 수익화가 가능하다는 뜻이다.
　반면에 인스타 릴스의 경우, 조회 수 수익에 대한 명확한 기준이 없다. 팔로워 수와 관계없이 랜덤으로 수익화가 열리는 실정이기 때문에, 인스타를 메인 플랫폼으로 삼는다면 조회 수 수익을 기대하지 않는 것이 좋다. 운에 맡기고 수익화 목표를 세우는 것은 결국 좌절로 이어질 수 있다. 따라서 조회 수 수익을 노리고 싶다면, 유튜브 쇼츠와 네이버 클립을 중심으로 전략을 세우는 것이 좋다.

02
수익화 세팅 5단계

　수익화는 꾸준히 계정을 운영하다 보면 어느 순간 찾아오기도 하지만, 빠르게 수익화를 하고 싶다면 철저히 기획하고 접근해야 한다. 아무 생각 없이 콘텐츠를 올리는 것이 아닌, 수익화에 유리한 콘텐츠를 만들고, 내 상품에 관심이 있는 사람을 모아야 한다.

　나는 인스타를 시작한 지 한 달 만에 팔로워 1,100명으로 첫 수익화를 이룬 경험이 있다. 당시 수익화에 대해 아무것도 몰랐을 때지만, 나는 강의를 하려고 인스타를 시작했기 때문에, 내가 할 수 있는 강의 주제와 관련한 콘텐츠로 빌드업을 했다. 그렇게 빌드업된 콘텐츠는 사람들에게 나를 전문가로 인식시켜 주었고, 한 달 뒤 오픈한 독서 모임 운영법 강의가 채 하루도 되지 않아 30명이 신청하는 놀라운 결과를 가져왔다. 첫 데뷔 강의라 얼떨떨했지만 반응이 좋다는 사실에 신속하게 수익화 구조를 세팅하여 강의를 듣고 적용하기 힘들거나, 디테일하게 배우고 싶은 사람이 참여할 수 있는 자리를 만들었다. 그렇게 나는 1,100명의 작은 팔로워로 첫 수익화를 이루었고, 이후 4차례 유료강의를 진행했다. 이는 아주 작은 팔로워 수로 빠르게 수익화를 이룬 사례이기도 하다. 독서 모임 운영법 강의 이후에도 1일 1 피드 챌린지, SNS 브랜딩 강의, 브랜딩 독서 모임, 자체 강연 등등 팔로워가 1만이 되기 전부터도 다양한 상품을 만들어 수익을 얻기도 했다. 그럼 지금부터는 내가 작은 계정으로 수익화에 성공했던 5단계 세팅법을 알려주겠다.

1. 1단계 – 콘텐츠 주제와 수익화 상품 일치시키기

가장 먼저, 내가 일상적으로 발행하는 콘텐츠 주제와 내 상품이 일치하는지를 점검해 봐야 한다. 나 또한 이런 실수를 한 적이 있다. 내가 주로 발행하는 콘텐츠 주제는 1인 사업가의 마인드셋에 관한 이야기였는데, 나는 계속 퍼스널 브랜딩과 SNS에 관한 상품을 팔려고 노력하고 있었다. 하지만 별 성과가 없어서 고민 끝에 내 콘텐츠 주제를 퍼스널 브랜딩과 SNS 운영에 관한 이야기로 바꾸기 시작했고, 그때부터 수입이 급속하게 올라가기 시작했다. 이처럼 SNS를 꾸준히 운영하는 사람도 달리다 보면 콘텐츠 주제와 상품이 어긋날 때가 있다. 그렇기에 틈틈이 이를 확인하고 점검할 필요가 있다. 내가 평소 말하는 것과 내가 판매하고 싶은 것이 서로 다르면 그만큼 수익화가 어렵다. 내가 올리는 모든 콘텐츠는 나를 브랜딩하는 것이자 홍보 전단지 역할을 하므로, 1단계에서부터 서로 방향성을 일치시켜야 수익화를 위해 일하는 콘텐츠가 될 수 있다. 내가 지금 열심히 올리는 콘텐츠가 내 상품과 방향성이 일치하는지 다시 한번 점검해 보자.

2. 2단계 - 고객 설정

내 상품을 구매할 사람이 누군지를 명확히 해야 한다. 나는 독서 모임 운영을 자기계발서 위주로 했기 때문에 소설이나 고전, 철학에 관심이 있는 사람은 내 타깃이 아니었다. 그래서 자기계발서에 관심이 있는 책스타그래머와 자기계발그래머를 대상으로 팔로워를 늘려나갔고, 나 또한 리뷰하는 책을 자기계발서로 한정해 콘텐츠를 올렸다. 그렇게 해서 내 계정에는 자기계발서를 좋아하는 사람이 계속 늘어났다. 그리고 자기계발을 원하는 사람들에게는 모임을 운영해 보고 싶거나 리더가 되고 싶은 니즈가 있었다. 그런 니즈와 내가 개발한 독서모임 운영법에 관한 상품이 잘 맞아떨어진 것이다. 만약 내 상품이 모든 사람을 위한 독서 모임 운영법이었다면, 나 또한 상품을 준비하는 것이 힘들었을 것이다. 하지만 내 주력 분야인 자기계발서에 집중하면서 상품 또한 자신 있게 준비할 수 있었다.

모든 사람을 위한 상품은 없다. 타깃을 명확하게 하지 않으면 아무도 필요 없는 상품이 된다. 만약 타깃 설정이 어렵다면 이렇게 생각해 보자. 나와 가장 공감대를 형성하기 좋은 사람은 누구인가? 그리고 그들에게 내가 경험해 보고 좋았던 상품을 기획해 보자. 결국은 나와 비슷한 사람이 모이게 된다.

3. 3단계 - 상품 기획과 제작

명확한 콘텐츠 주제와 타깃을 정했다면 이제는 상품을 기획해 보자. 내 콘텐츠를 즐겨 보는 사람의 니즈와 욕망은 무엇일까? 그 사람의 문제를 해결해 주거나, 두려움을 자극하는 대상은 무엇일까? 내 상품을 통해서 문제를 해결하거나 원하는 것을 얻을 수 있다면, 팔로워 수를 떠나 구매가 일어날 수밖에 없다. 그동안 콘텐츠를 빌드업하면서 관심사가 같은 사람을 모았다면 그들의 공통적인 니즈를 파악해 보자.

이때 상품을 먼저 기획해 두면 상품을 판매하기 전에 관련 콘텐츠를 빌드업할 수 있다. 나는 처음부터 강연을 하기 위해 인스타를 시작했기 때문에 모든 콘텐츠 주제와 상품이 강의나 강연을 할 수 있는 쪽으로 초점이 맞춰져 있었다. 그리고 나는 이와 관련된 콘텐츠를 빌드업하면서 강의를 준비했다. 내 계정 초기의 타깃은 대부분 책을 좋아하고 자기계발을 좋아하는 사람들이었고, 이들 중 많은 사람이 독서 모임을 운영해 보고 싶어 하거나 모임의 리더가 되고 싶어 했다. 그들에게 독서 모임 운영법이라는 내 강의는 분명 궁금할 만한 상품이라고 생각했다. 강의는 무료로 제공하되 유료 상품으로 독서 모임 리더반을 만들어 직접 독서 모임에 참여하며 디테일한 스킬을 배울 수 있도록 세팅했다. 결과는 내 예상대로 대성공이었다.

계정이 작을 땐 유료 상품을 기획하는 것이 아무래도 어려울 수 있다. 나를 믿고 돈을 지불 할 사람이 많지 않기 때문이다. 따라서 초반엔 무료 상품을 기획해 보자. 당장에는 돈이 되지 않더라도 정말 좋은 경험이 되고, 내가 성장하는 시간이 되어 줄 것이다. 그 뒤 시스템을 손봐서 유료로 진행한다면 더 완성도 있는 상품이 될 것이다. 무료로 내가 뭔가를 주는 것은 결코 손해가 아니다. 돌고 돌더라도 어떻게든 나에게 돌아온다.

4. 4단계 – 콘텐츠 빌드업

작은 계정에서 수익화를 하고 싶다면 콘텐츠 주제를 제대로 잡고, 타깃을 명확히 한 후, 반드시 지속해서 관련 콘텐츠를 빌드업해야 한다. 콘텐츠 빌드업은 수익화로 연결될 수 있도록 콘텐츠를 쌓아가는 것이다. 팔로워가 300명일 때부터 나는 독서 모임을 오래 운영했고,

독서 모임의 장점, 독서 모임을 하는 모습, 독서 모임에서 내가 책 소개를 하는 모습 등을 촬영해서 콘텐츠로 만들었다. 이런 콘텐츠가 쌓이자 어떤 사람은 나에게 이렇게 말하기도 했다. "독서 모임 하면 리지팍님이시죠!" 작은 계정에서 수익화를 하려면 이런 말이 나와야 한다.

한 분야의 전문가로 인식이 되어야 사람들은 계정 숫자에 매몰되지 않고 확신하고 지갑을 연다. 평소 내가 독서 모임에 관한 이야기 없이 읽은 책 리뷰만 올리다가 갑자기 독서 모임 운영법 강의를 런칭했다면, 과연 반응이 어땠을까? 사람들은 의심했을 것이다. 아무리 무료강의라고 해도 '내가 시간을 써도 될까?' 하고 말이다. 시간도 돈이기 때문에 사람들은 함부로 쓰려고 하지 않는다. 그래서 콘텐츠를 통해 신뢰를 쌓는 과정을 거쳐야 한다. 내 수익화 방향에 맞는 콘텐츠를 계속 올려야 한다.

재테크 강의를 하고 싶다면 재테크에 관해 나만이 알고 있는 꿀 정보를 콘텐츠로 만들어야 한다. 내가 성과를 봤던 이야기도 콘텐츠로 만들어 쌓아야 한다. 다이어트 챌린지를 하고 싶다면 다이어트에 관련된 식단, 운동, 습관 등의 정보를 콘텐츠로 쌓아야 한다. 특히 나의 before & after 사진을 올려주면 더욱 신뢰도가 높아진다. 그렇게 쌓인 정보와 성과 콘텐츠는 사람들에게 신뢰를 높여주고, 수익화로 연결될 수 있는 강력한 수단이 된다. 방향성을 잡고 빌드업하자. 사람들은 계속 지켜보고 있다. 신뢰는 어느 날 갑자기 생기는 것이 아니라 쌓아가는 것이다.

5. 5단계 - 마케팅

계정에 고객도 꽤 모았고, 상품도 기획했고, 콘텐츠도 빌드업했다면 이제 알릴 차례다. 사람들이 많이 참여하거나 구매할 수 있도록 마케팅을 해야 한다. 마케팅이란 즉각적인 구매가 일어날 수 있도록 모객과 홍보 콘텐츠를 만들고 이를 광고하는 것이다. 또, 상품에 적당한 가격을 정하는 것도 마케팅 단계에서 할 일이다.

계정이 작을 때는 마케팅 단계에서 홍보 목적으로 무료 상품을 기획하기도 한다. 이때 자주 사용하는 방식이 '퍼널 마케팅'이다. 예를 들어 SNS에서 무료강의로 사람을 모은 다음에 유료강의로 연결하는 것이다. 하지만 이 방식이 무료강의로 사람을 모아서 유료강의만을 홍보하는 수단으로 변질이 되면서 사람들에게 더는 먹히지 않게 되었다. 퍼널 마케팅에서 중요한 것은 무료강의라 하더라도 진정성 있는 모습을 보여주는 것이다. 유료강의를 판매하기 위한 무료강의라 하더라도 진정성이 느껴지도록 최선을 다해야 한다. 그래야 그다음 스텝이 있다.

나 또한 팔로워가 1,100명일 때, 멋도 모르고 퍼널 마케팅을 적용해 처음으로 수익화를 성공시켰던 경험이 있다. 독서 모임 운영법 강의를 무료로 런칭하고, 독서 모임 리더 반을 개설했다. 강의를 듣고 좀 더 배워보고 싶은 사람에게 디테일한 독서 모임 리딩 스킬을 알려주기로 하고 유료 프로그램을 연결했다. 결과는 성공적이었고, 인스타를 시작한 지 한 달 만에 처음으로 수익화를 할 수 있었다. 이때 나는 오히려 무료강의에 정말 내가 줄 수 있는 것을 다 넣었다. 최선을 다해 강의했고, 정말 더 배우고 싶다면 함께 하자는 메시지를 전달했다. 당시 내 진심이 전해졌는지 정원이 금방 마감되었고, 처음으로 유료 오프라인 강의를 진행할 수 있었다.

숏폼은 그 자체로 훌륭한 마케팅 수단이다. 예를 들어 인스타에서 1만 조회 수를 만들려면, 키워드에 따라 차이가 있지만, 조회수당 평균 광고비로 20원은 잡아야 한다. 그런데 만약 홍보용 숏폼의 조회 수가 1만이 나왔다면, 20만 원의 광고비를 절약한 셈이다. 이렇게 우리에게는 돈이 들지 않는 훌륭한 마케팅 수단이 있다. 굳이 돈을 써서 광고하기보다는 더 매력적으로 내 상품을 보여줄 수 있는 숏폼을 만드는 것이 훨씬 더 경제적이다.

03
수익을 만드는 +@

1. 성공하는 광고, 모객 콘텐츠 만들기

광고 콘텐츠는 앞에 반드시 '#광고'를 노출해야 한다. 사람들은 '#광고'를 보는 순간 광고라는 것을 금방 알아차리고 이 콘텐츠를 색안경을 끼고 보거나 보지 않고 그냥 넘겨버릴 확률이 높다. 그래서 광고 콘텐츠는 후킹에 더더욱 신경을 써야만 한다. 더 궁금하게 만들거나, 더 유익하게 만들거나, 더 재미있게 만들어야 한다. 또, 대놓고 기능을 홍보하기보다는 상품을 사용하는 모습, 사용해 본 경험담을 솔직히 풀어내는 것이 좋다. 내가 써보지도 않은 상품을 광고하는 건 진정성이 없다. 예를 들어 책 광고라면 책을 읽고 가장 좋았던 부분이나 책에서 말하는 핵심을 이야기해야 광고 효과가 있기 때문에 책을 읽지 않고 책 광고 콘텐츠를 만들기는 어렵다. 나는 책 광고 영상에서 내가 책을 읽고 있는 모습, 책 페이지를 넘기는 모습 등 책을 간접적으로 보여주며 노골적으로 광고하지 않으려고 노력했다. 대신에 광고이지만 책과 관련된 내 경험을 풀면서 책의 내용과 책을 읽어야 할 이유를 연결한 결과 좋은 반응을 얻었다.

모객 콘텐츠는 내가 직접 내 상품을 광고하는 콘텐츠라고 보면 된다. 나 또한 독서 모임, 숏폼 클래스, 릴스 챌린지, 오프라인 모임 등 다양한 프로그램을 진행하며 수 없이 모객 콘텐츠를 만들어 보았다. 이때 나는 모객 페이지를 만들면서 늘 체크하는 것이 있다.

하나, 짧고 임팩트가 있을 것.

영상을 길게 만들지 않았다. 짧고 임팩트 있게 기획해서 궁금하게 만들기 위해 노력했다. 그래서 다양한 영상 효과를 쓰기도 하고 연기를 하기도 했다. 유행하는 챌린지 음원을 응용해서 광고 콘텐츠를 만들기도 했다. 효과는 성공적이었고, 이 릴스를 통해 새롭게 유입되는 사람도 꽤 많았다.

둘, 재미있거나 유익할 것.

영상 효과, 연기, 챌린지 음원을 사용하여 최대한 재미있게 그리고 유익하게 만들었다. 사람들은 홍보만 하는 콘텐츠에는 전혀 관심이 없다. 그런데 내가 필요한 정보가 있다면 관심 있게 볼 확률이 높다. 그래서 나는 내 강의 프로그램과 관련된 정보를 재미있고 유익한 콘텐츠로 만들어 자연스럽게 모객으로 이어갔다. 정보를 받은 사람들은 홍보 글인 것을 알면서도 정보를 얻었기 때문에 불쾌해하지 않는다. 재미도 마찬가지이다. 재미있었으니 유익한 거다.

셋, 정보를 충분히 주지 않을 것.

이는 영상을 짧고 임팩트 있게 만들다 보니 당연한 결과이기도 했다. 인스타 본문에 간략한 정보만 준 뒤 자세한 내용은 링크를 열어 확인할 수 있도록 유도했다. 유도 링크에서 본격적인 설득이 되도록 한 것이다. 콘텐츠에서 100% 확신을 느끼지 못한 사람은 자연스럽게 다음 스텝으로 데려와 여기에서 본격적으로 설득해야 한다. 숏폼은 너무 짧아서 여기에서 모든 내용을 담아 설득할 수는 없다. 숏폼은 충분한 정보가 아닌 궁금하게 만드는 정보가 중요하다. 모객 콘텐츠도 전략적으로 기획해야 한다.

2. 기다리지 말고 적극적으로 제안하기

한 분야에서 두각을 나타내기 시작하면, 수익화는 자연스럽게 연결된다. 내가 콘텐츠로 많이 노출되다 보면 담당자들 눈에도 자연스럽게 띄게 되고, 여기저기서 광고나 협찬 제안이 들어오게 될 것이다. 하지만 광고나 협찬 제안이 들어올 때까지 기다리지 말고 먼저 적극적으로 제안해 보는 것도 좋다. 내가 부족해서가 아니라 아직 나를 몰라서 제안이 들어오지 않을 수도 있기 때문이다.

광고나 협찬을 제안할 때는 해당 업체의 SNS 메시지나 메일 등을 통해 내용을 바로 전달하거나, 제안 내용이 담긴 노션 페이지, PDF 등의 파일을 보내는 방법도 있다. 이때 무턱대고 협찬이나 광고를 요구하는 것이 아닌 객관적인 수치와 해당 제품에 대한 진정성을 보여주는 것이 좋다. 자신의 계정이 제품과 잘 맞는다는 것을 어필하며 광고 효과가 높을 것이라고 어필하는 것도 중요하다.

제안은 당연히 내 분야에 맞는 쪽으로 해야 확률이 높아진다. 평소 콘텐츠 도달률과 최대 도달률을 나열하고 팔로워 수를 언급하며 예상되는 광고 효과를 이야기해 주는 것이 좋다. 제품을 써봤다면 써보고 느낀 점을, 사용 전이라면 해당 브랜드에 대한 진정성 있는 스토리를 풀어내 보는 것도 좋다. 결국 광고 담당자도 사람이다. 제안할 때는 광고 담당자의 마음을 움직일 수 있게 전략적으로 접근해야 한다.

나는 책 계정을 운영하는 동안에는 제안을 통해 수많은 책을 협찬받기도 했다. 이때 릴스 조회 수와 좋았던 성과를 언급하며 어필했다. 자기계발 모임에서 사은품으로 사용할 책을 협찬하며 이 모임에서 홍보가 됐을 때의 효과를 언급하기도 했다. 사업 계정을 운영할 때는 체험단 사이트에 광고를 제안하기도 했다. (사정이 있어 진행은 무산됐지만) 기다리기만 하기보다 먼저 움직여 보자. 세상은 용기 있는 사람에게 더 많은 기회가 찾아오기 마련이다.

3. SNS 운영도 사업처럼 하기

SNS 운영은 최고의 무자본 창업이다. 스마트폰과 아이디어와 시간만 있으면 누구나 가능하다. 즉, 누구나 SNS로 창업할 수 있다는 말이다. 그래서 진입장벽이 낮다. 이 말은 경쟁자가 많다는 뜻이기도 하다. 나와 비슷한 콘텐츠를 만드는 사람이 정말 많고, 여기에서 살아남아야 유명해질 수 있고 돈을 벌 수도 있다. 살아남기 위해서는 SNS를 사업이라고 생각하는 마인드셋을 갖출 필요가 있다.

많은 사람이 돈을 벌고 싶어서 SNS를 시작한다. 하지만 돈을 벌고 싶어만 하지, 돈을 벌 수 있는 행동을 하지는 않는다. 말 그대로 SNS에서 쉽게 돈 벌기를 원하지, 이를 사업이라 생각하고 진지하게 임하지 않는다. 다양한 매체에서 월 천만 원을 쉽게 버는 것처럼 이야기하고, SNS를 시작하기만 해도 많은 돈을 버는 것처럼 부풀려 말하기도 한다. 그런 말에 속아서 SNS를 시작했지만 호락호락하지 않음을 느끼고는 금세 의욕을 잃고 사라지는 사람이 수두룩하다. SNS에서 정말 돈을 벌고 싶다면, 이를 사업이라고 생각해야 한다. 사업으로 접근해야만 한다.

나는 SNS를 처음 시작할 때 사업이라 생각하고 접근했다. 인스타라는 곳에서, 유튜브라는 곳에서, 또는 블로그라는 곳에서 너무너무 감사하게도 무료로 입점할 기회를 준 것이다. 수수료도 없다. 내가 열심히 하는 만큼 가져갈 수 있다. 심지어 정말 열심히 활동하면 조회 수 수익을 주기도 한다. 이런 곳이 세상에 어디 있을까? 게다가 무자본 창업이 가능하다. 이제는 누구나 스마트폰 하나로 촬영도, 편집도 할 수 있다. 회사에 다니면서도 짬 나는 시간에 할 수 있고, 이동 중에도 영상편집을 할 수 있고, 계정 관리도 할 수도 있다. 돈이 들지 않는 창업을 할 수 있는 것이다. 시간만 쓰면 된다. 돈 대신 시간을 쓰면 되는 사업이다. 그런데 사람들은 돈이 들지 않는 일을 쉽게 보는 경향이 있다. 그렇다 보니 이 일을 사업이라고 생각하지 않는다. 쉽게 시작하고, 쉽게 그만둔다. 돈이 들지 않는 일은 돈이 되는 데 시간이 걸린다는 것을 모르기 때문이다.

 SNS 운영을 사업이라고 생각한다면 우리의 행동은 달라져야 한다. 매일 문을 열어야 한다. 매일 콘텐츠를 만들어 가게를 홍보해야 한다. 매일 판매해야 하고, 미친 듯이 시간을 써야 한다. 만약 큰돈을 들여 가게를 오픈했다면 과연 며칠에 한 번만 영업할 수 있을까? 절대 그렇게 하지 않을 것이다. 매일 문을 열고 하루 10시간씩 손님을 맞이할 것이다. 어떻게 하면 가게가 더 많이 알려질 수 있을지 매일 고민할 것이다. 손님의 문의에 매일 응답하고 소통할 것이다. 이런 것을 SNS에서도 똑같이 해야 한다. 매일 활동하고, 매일 콘텐츠를 만들어 홍보하고, 매일 고객과 소통해야 한다. 이런 모든 과정을 귀찮아하며 어쩌다 한번 콘텐츠를 만들고, 댓글에 일절 반응하지 않으면서 돈을 벌려고 하는 것은 욕심일 뿐이다. SNS 운영을 사업이라고 생각해 보자. 무자본으로 창업할 기회라고 생각해 보자. 우리는 사업을 시작했다. 사업가처럼 행동해야 한다. 그래야 돈을 벌 수 있다.

　SNS 운영을 사업으로 접근하면 많은 것이 달라진다. 우리의 행동도, 태도도, 마인드도 달라진다. 사업을 한다는 것은 모든 선택을 사장인 '내'가 한다는 것이다. 그리고 그 선택에 관한 결과 또한 '내'가 책임져야만 한다. 이런 마인드 없이 사업은 불가능하다. 누군가가 시켜서 SNS 운영을 하는 것이 아니다. SNS 운영을 하기로 한 것조차도 나의 선택이다. 남과 다른 성공을 하려면 쉬운 선택만 할 수는 없다. 때로는 어렵고 힘든 선택을 해야 할 때가 있다. 쉬운 선택, 쉽고 빠른 길만 찾아서는 성장할 수 없다. 나는 늘 더 어렵고 힘든 선택을 하려고 노력했고, 그때마다 좋은 결과가 있었다. 오히려 쉽고 빠르게 가려고 할 때마다 결과가 좋지 않았다. 그래서 나는 어려운 선택을 하려고 노력한다. 어려운 선택을 통해 더 많이 배웠고, 더 많이 깨달았다. 그 결과 더 좋게, 더 크게 돌아왔다. 나의 선택은 나를 더 성장시켜야 한다. 그래야 내가 벌 수 있는 돈도 함께 성장한다.

5장

마인드셋
- SNS로 일상이
돈이 되고 싶다면

여기까지 왔다면 SNS를 키우는 방법, 반응이 좋은 숏폼을 만드는 방법, 수익화 방법까지 이미 다 마스터했다고 봐도 좋다. 하지만 가장 중요한 것이 남았다. 바로 마인드셋이다. SNS를 키우는 것도, 숏폼을 꾸준히 만드는 것도, 수익화를 하는 것도 마인드셋이 가장 중요하다. 마인드를 바꾸지 않고서는 어떤 일을 해도 지속할 수 없고, 성공으로 다가가기 어렵다. SNS를 가볍게 생각하고 시작했다면 절대로 돈을 벌 수도, 원하는 목표를 이룰 수도 없다는 얘기다. 앞에서 말했듯이 사업으로 생각하고 시작해야 한다. 그러려면 사업을 할 수 있는 마인드셋을 갖춰야 한다. 그래서 지금부터는 내가 경험하고 느낀 SNS를 통한 성공의 본질에 관해 이야기해 보려 한다.

멘탈

1. 비교하지 않기

　중요한 일은 다만 자기에게 지금 부여된 길을 한결같이 똑바로 나아가고 그것을 다른 사람들의 길과 비교하지 않는 것이다.

-헤르만 헤세

　SNS를 하면 왜 불행해질까? 불행해지는 이유는 '남과의 비교' 때문이다. 나보다 늦게 시작한 동료가 나보다 앞서 나가는 게 신경 쓰일 수 있다. 다른 사람의 조회 수를 보며 내가 한심해 보일 수도 있다. 모든 것이 숫자로 표시된 SNS에서 숫자를 의식하는 것은 너무나도 당연하다. 하지만 당연한 것에 속으면 안 된다. SNS는 남과 경쟁하는 곳이 아니다. 우직하게 내 것을 해나가야 하는 곳이다. 남이 나를 앞서가든, 내가 앞서 나가든 그건 중요하지 않다. 오직 내 것을 끝까지 해내는 것이 중요하다.

나 또한 남과 비교하면서 괴로워했던 적이 있다. 나보다 잘난 사람을 보며 현타를 느끼기도 했다. 하지만 2년 가까이 SNS에서 살아남으며 느꼈다. 현재의 숫자는 무의미하다는 것을. 내가 인스타를 시작한 지 얼마 되지 않아서 팔로워가 1,000명에 불과하던 시절, 자주 소통하던 인친이 있었다. 팔로워 수가 나와 비슷했는데 어느 날 릴스 하나가 떡상하며 순식간에 팔로워가 4,000명으로 올라갔다. 하지만 그 친구는 지금 인스타를 하지 않는다. 팔로워가 4,000명을 달성한 지 얼마 되지 않아 사라졌다. 그리고 남아 있는 나는 그사이에 팔로워가 2만 명을 넘었다.

또 이런 일도 있었다. 내 팔로워가 1.3만일 때, 팔로워가 3,000명인 친구가 있었다. 나에게 팬이라며 직접 만든 책갈피를 선물로 주던 그 친구는 어느 날부터 콘텐츠가 줄줄이 대박이 나면서 지금은 팔로워가 7만 명이 넘는 인플루언서가 되었다. 사람 일은 모르는 거라는 말이 여기서도 적용된다. 언제 누군가 나보다 잘될지 모르는 일이고, 내가 더 잘될지 모르는 일이다. 그저 우리가 할 수 있는 일은 묵묵히 내가 하고 싶은 이야기를 콘텐츠로 꾸준히 만들어 올리는 것이다. 그리고 나 자신의 역량을 키우기 위해 노력하는 것이다. 남보다 잘하는 것은 아무런 의미가 없다. 남이 나보다 잘된다면 축하해 줄 일이다. 나에게 멋진 인플루언서 친구가 생기는 일이니까.

결국 SNS도 멈추면 끝이다. 멈추지 않고 지속하는 것이 중요하다. 지금 남과 비교하면서 감정과 시간을 낭비할 때가 아니다. 내 콘텐츠를 어떻게 하면 더 많은 사람이 볼 수 있을지 연구하고 훈련해야 한다. 굳이 남보다 잘할 필요가 없다. 내 것만 잘하면 된다. 그래서 SNS가 특별한 기회다. 남도 잘되고 나도 잘될 수 있기 때문이다.

2. 숫자의 함정에 빠지지 않기

성공한 사람이 아니라 가치 있는 사람이 되려고 힘써라.

- 알베르트 아인슈타인

SNS 활동을 하며 꿈꾸는 것은 다들 비슷하다. 구독자, 팔로워가 많아지는 것, 조회 수가 떡상하는 것. 그럼 나는 이렇게 되묻고 싶다. 팔로워가 많아지면 그걸로 뭘 하고 싶은가요? 조회 수가 떡상하면 왜 좋나요? 이 질문에 자신만의 목적이나 목표가 뚜렷이 있다면 그 방향으로 계속 나아가면 된다. 하지만 대답하지 못한다면 의미 있는 SNS 활동을 하고 있는지 확인할 필요가 있다.

단순히 숫자만 키운다고 해서 누구나 인플루언서가 되는 것은 아니다. 비쥬얼로 인플루언서가 되는 거라면 상관없지만, 내 전문성을 키우고, 나와 공감할 수 있는 사람을 대상으로 인플루언서가 되고 싶다면 의미 있는 숫자를 쌓아나가야 한다. 단순히 조회 수가 많이 나온다고 그 콘텐츠를 따라 한다거나, 팔로워를 구매하는 행위를 하지 않아야 한다. 숫자만 높다고 해서 SNS에서 좋은 결과가 나오는 것이 아니기 때문이다. 팔로워가 5만, 10만인데도 영향력이 없는 계정도 많다. 제대로 브랜딩을 하지 않고 오직 숫자만 쌓아 올렸기 때문이다. 콘텐츠 하나하나에 의도와 의미를 담아야 한다. 그렇게 해서 내가 필요한 사람을 모아야 한다. 찐팬을 모아야 한다. 모두에게 사랑받지 않아도 된다. 내가 활동하는 분야에서 인정받고 사랑받으면 된다. 그러면 엄청나게 많은 팔로워와 조회 수 없이도 원하는 활동을 할 수 있고, 수익화도 자연스럽게 이룰 수 있다.

나는 팔로워가 1만 명이 넘고 나서 정체성에 대한 고민을 오랫동안 했다. 1만이 SNS에서 엄청나게 높은 숫자는 아니지만, 대다수 사람이 영향력 있는 SNS의 기준으로 생각했기 때문에 더 원활하게 수익화를 하고, 더 많은 사람이 나를 찾을 거라 착각하곤 한다. 막상 팔로워 1만이라는 숫자에 도달해 보니 나 또한 그런 착각을 했다는 것을 깨달았다. 1만이라는 숫자에 취해 더 많은 사람이 날 좋아하고 따를 것으로 생각했지만, 현실은 그렇지 않았다. 그걸 느끼고 나서 조금 겸손해졌다. 1만은 그저 내 꿈으로 가는 과정일 뿐이었다. 1만이든 1천이든 좋은 콘텐츠를 만들어야 하는 것은 똑같다. 콘텐츠로 사람들에게 호감을 얻지 못하면 사람들은 금방 등을 돌리고 만다. 그저 숫자만 남는 것이다. 그야말로 껍데기뿐인 계정이 되는 것이다. 그 이후 수많은 시도를 하며 사람들의 마음을 움직이는 것은 숫자가 아니라는 것을 깨닫게 되었다. 숫자에 집착하지 말고 내 것을 하자. 껍데기만 큰 계정이 되어버린다면 돌이킬 수 없게 된다. 알맹이가 꽉 차고 싶다면 시작부터 단단하게 제대로 쌓아가야 한다.

3. 콘텐츠는 내 거울이다

> 사람들은 당신이 한 말과 당신의 행동은 잊을 것이다. 하지만 그들은 당신 때문에 어떤 감정을 느꼈는지는 영원히 잊지 않을 것이다.
> - 마야 안젤루(미국 영화 배우)

콘텐츠는 참 신기하다. 콘텐츠를 보면 그 사람의 마음이 어떤지 느낄 수 있다. 불안한지, 우울한지, 기분이 좋은지 콘텐츠에서 뿜어져 나오는 무언가가 있다. 이건 나만 느끼는 것이 아니라 주변에 SNS를 많이 해본 사람 모두 공감하는 사실이다. 참 신기하다. 콘텐츠는 결국 마음을 담아 만드는 것이기 때문이지 않을까?

내가 부정적인 마음이 가득하면, 콘텐츠의 메시지도 부정적으로 흘러갈 수밖에 없다. 콘텐츠를 만드는 것이 즐겁고 행복하면, 그 에너지가 그대로 콘텐츠에 담겨 사람들에게도 전달된다. 이렇게 콘텐츠만 봐도 그 사람의 에너지와 마인드를 엿볼 수 있다. 사람들은 콘텐츠의 퀄리티와 정보를 보고 구독을 하기도 하지만, 그것을 전달하는 사람의 에너지에 매력을 느껴 구독하기도 한다. 결국 그 사람의 에너지가 좋아야 계속 콘텐츠를 보고 싶어 한다는 의미다.

'온양석산'이라는 돌을 파는 업체가 있다. 이 업체의 인스타 계정(@_stonegold)에는 '김 대리'라는 분이 나와 상품을 소개한다. 김 대리는 어떤 콘텐츠 전략도 없이 만든 릴스 하나로 망해가던 회사를 살려냈다. 바로 그 사람의 패기와 에너지 덕분이었다. 꼬질꼬질한 옷과 순수해 보이는 모습, 목청껏 상품소개를 하는 모습에서 사람들은 이 사람의 진정성과 에너지를 느꼈다. 세상에 이렇게 돌이 필요한 사람이 많았나 싶을 정도로 돌을 구매하고 싶다는 댓글이 쏟아졌다. 사람들은 이 사람의 에너지를 느끼고 필요하지 않았던 돌까지도 사면서 팔로워가 되어 주었다. 결국 이 스토리는 공중파 뉴스, 신문 기사에까지 실리며 김 대리는 그야말로 유명인이 되었다. 이 사람의 진정성과 패기는 누가 봐도 꾸밈없는 모습이었다. 그 사람 자체였다. 자신의 자리에서 최선을 다하며 꾸밈없고 솔직한 모습에 사람들의 마음이 움직인 것이다.

나 또한 SNS를 운영하며 많이 들었던 말이 "리지팍님은 에너지가 넘쳐 보여서 너무 좋아요."라는 말이었다. 내 자신감과 콘텐츠 제작을 즐기는 모습이 사람들에게 전달된 것이다. 하지만 늘 좋았던 것은 아니다. 나에게도 극심한 정체기가 있었다. 6개월 넘게 계정 성장이 멈

[그림 33] 온양석산 김 대리 영상 이미지

추면서 정체성마저 흔들리며 내 콘텐츠는 억지텐션을 보여주고 있었다. 고민이 깊어지니 내 콘텐츠에 자신이 없어졌고, 콘텐츠를 만드는 것도 즐겁지 않았다. 그런데도 꾸역꾸역 주 3회 이상 콘텐츠를 만들어야 했던 힘든 시기였다. 그 시기에 내가 만든 콘텐츠는 내용이 자주 바뀌고, 이 얘기와 저 얘기가 뒤섞이며 혼란스러움이 그대로 묻어 있다. 콘텐츠는 내 거울이다. SNS를 운영하는 것은 나를 알아가는 과정이며 그것을 표현하는 것이 콘텐츠이기 때문에, 나에 대한 확신이 없다면 콘텐츠도 흔들릴 수밖에 없다. 결국 내가 원하는 것을 정확히 알고, 자신감 있게 나아갈 수 있는 멘탈이 필요하다. 멘탈이 흔들리면 고생해서 만든 성과마저도 흔들린다. 무엇을 하던 가장 중요한 것은 결국 멘탈 관리라는 것을 잊지 말자. 강한 멘탈 없이는 돈도, 사업도, SNS조차도 지속하기 어렵다.

꿈

1. 시간을 투자하기

내가 성공할 수 있었던 것은 맹렬하게 몰두했기 때문이다

- 코코 샤넬

SNS를 누군가는 이렇게 이야기한다. 인생 낭비다. 시간 낭비다. 그 말도 맞다. 대강 일상을 기록하고, 의미 없는 콘텐츠를 올리고, 다른 사람을 염탐이나 하고 있다면 시간 낭비가 맞다. 하지만 내 전문성을 알리고, 내 재능과 매력을 알리고, 누군가에게 도움을 주고 있다면 이건 시간 투자가 된다. 시간을 낭비하는 사람과 투자하는 사람은 당장은 비슷해 보일 수 있다. 특별히 삶이 달라지는 것도 없고, 당장 성과가 나오는 것도 아니라는 생각이 들 것이다. 하지만 그런 시간이 1시간, 3시간, 하루, 이틀, 한 달, 1년 쌓이다 보면 투자한 사람과 낭비한 사람의 삶은 크게 달라져 있을 것이다. 투자란 쌓아가는 행위다. 1시간을 쓰고 1시간짜리의 돈을 버는 것은 투자가 아니다. 당장은 보이지 않지만 조금씩 쌓여 나에게 크게 돌아오는 것이 투자. 그래서 투자할 때는 꾸준히 계속 쌓으면서 버티는 것이 중요하다.

나는 인스타를 처음 시작했을 때 누구보다 간절했다. 이것 아니면 할 수 있는 게 없다고 생각했다. 그래서 본업도 제쳐두고 인스타에 매달렸다. 하루 12시간 이상 본업에 들였던 시간을 줄여 5~6시간 넘게 콘텐츠를 만들고 인스타를 관리하는데 투자했다. 지나친 게 아닌가 싶기도 했지만, 나는 이렇게 생각했다. '나는 새로운 창업을 한 것이다. 창업에 성공해야만 한다.' 이렇게 생각하니 열심히 하지 않을 수가 없었다. 시간을 많이 쓸 수밖에 없었다. 자칫 낭비라고 생각했던 시간이 지금 돌아보니 이게 모두 투자였다. 투자금을 회수하는 데는 1년도 걸리지 않았다. 투자는 빠르면 빠를수록 좋다. 시간이 쌓여 돌아오기 때문이다.

SNS로 진짜 인생을 바꾸고, 꿈도 이루고, 돈도 벌고 싶다면, 한 번쯤 미쳐보자. 누군가의 입에서 "뭘 그렇게까지 해?", "그렇게까지 해야 해?"라는 소리가 나올 정도로 최대한 많은 시간을 투자해 보자. 인생을 바꾸는 일인데 손해 보는 시간 없이 적당히 해서는 불가능하다. 그러니 누군가에게 미쳤다는 소리를 들을 정도로 열심히 해보자. 시간을 투자해 보고, 최선을 다해보자. 오버하고 있는 게 아니다. 잘못하는 게 아니다. 인생을 바꾸기 위해 투자하는 것이다. 주변 사람 말에 흔들리지 말자. 자신을 믿고 한 번쯤 미쳐보자. 분명 유의미한 결과를 얻게 될 것이다.

아직도 SNS에 무의미한 것을 올리며 다른 사람의 일상을 보고 부러워하고 있다면, 시간 낭비일 뿐이니 당장 SNS를 그만둬도 좋다. 하지만 지금부터라도 나에 관해 탐구하고 의미 있는 콘텐츠를 만들어 보겠다는 생각이 든다면, SNS에 시간을 써보자. 투자해 보자.

2. 실행과 실습을 반복하기

선수 경력을 통틀어 나는 9,000개 이상의 슛을 놓쳤다. 거의 300회 경기에서 패배했다. 경기를 뒤집을 수 있는 슛 기회에서 26번 실패했다. 나는 살아오면서 계속 실패를 거듭했다. 그것이 내가 성공한 이유다.

- 마이클 조던

콘텐츠를 만들다 보면 기획력이 중요한지 스킬이 중요한지 헷갈리게 된다. 사실 둘 다 중요하다. 둘 중 하나만 없어도 좋은 콘텐츠를 만들기가 어렵다. 아무리 좋은 기획력이 있어도 스킬이 부족하면 표현해낼 수가 없다. 스킬이 뛰어나도 기획력이 부족하면 뭘 만들어야 할지 늘 고민일 것이다. 그래서 기획력과 스킬을 높이기 위해 꾸준히 훈련해야 한다. 훈련 방법은 간단하다. 많이 만들어 보는 것이다. 영상 제작이라고는 1도 몰랐던 나 또한 숏폼을 가르치는 사람이 되었다. 400개가 넘는 숏폼을 만들어 보니 자연스럽게 잘하게 되었다. 하나의 완벽한 숏폼을 만들려고 했다면 나는 아직도 숏폼을 제대로 업로드조차 못했을 것이다. 좋은 콘텐츠를 만들고 싶다면 허접한 콘텐츠도 만들어 봐야 한다. 그렇게 계속 실행과 실습으로 반복 훈련하며 기본기를 다져보자.

3. 꾸준함

위대한 일은 갑자기 이루어지지 않는다.

- 에픽테토스(고대 그리스 철학자)

'꾸준함'이라는 키워드는 SNS를 하는 많은 사람이 좋아하는 키워드다. 왜 그럴까? 생각해 보니 특출나게 재능이 있거나 대단하지 않더라도 꾸준히 하는 것만으로도 성취할 수 있다면, 누구에게나 기회가 있다는 말이기도 해서인 것 같다. 그래서인지 사람들은 꾸준함으로 성과를 이뤄낸 스토리를 좋아한다. 하지만 누구나 할 수 있지만, 누구나

하기 어려운 것이 바로 꾸준함이다.

 SNS에는 꾸준함이라는 무기가 크게 작용하는 곳이다. 꾸준히 콘텐츠를 올리기만 해도 도달이 늘어나는 경우를 많이 봤다. 게다가 콘텐츠 떡상은 운이 크게 작용하기 때문에 결국은 운도 꾸준한 사람에게 찾아올 확률이 높다. 1~2주에 콘텐츠를 하나 올리는 사람과 매주 콘텐츠를 3개 이상 올리는 사람에게 같은 행운이 찾아올 리 없다. 사람들도 꾸준한 모습을 보여주는 것을 좋아한다. 아무리 전문가라도 어쩌다 한번 콘텐츠를 올린다면, 그 사람을 신뢰하기란 쉽지 않다. 결국 꾸준히 콘텐츠를 올리는 사람에게 더 마음이 가기 마련이다.

 나 또한 1년 가까이 1일 1 피드를 실천했고, 정체기로 고민이 많을 때도 콘텐츠 올리는 것을 소홀히 하지 않았다. 꾸준히 하다 보면 정체기도 뚫고 나갈 거라고 확신하며 주 3회 이상 피드를 올렸다. 정체기를 쉽게 벗어나진 못했지만, 나를 오래전부터 지켜봤던 사람들은 나에게 이런 말을 하곤 했다. "리지팍님은 여전하시네요.", "리지팍님은 꾸준함의 대명사입니다." 이 사람들에게 나는 꽤 괜찮은 사람으로 기억되었을 거로 생각한다. 나는 꾸준함으로 신뢰를 얻었고, 꾸준함으로 성과를 하나하나 만들어 갔다. 힘들었던 정체기도 꾸준함으로 이겨낼 수 있었다. 그래서 그 누구보다 꾸준함의 힘을 믿는다.

 투자하는 사람들이 존버라는 말을 외치듯 SNS도 존버해야 하는 곳이다. 그냥 가만히 버티는 것이 아니다. 주기적으로 콘텐츠를 올리며 존버해야 한다. 내 주변엔 그렇게 해서 팔로워가 1만 명, 2만 명, 10만

명이 된 인플루언서가 많다. 이들에게도 정말 안 될 것만 같았던 정체기가 있었다. 하지만 이들의 공통점은 그 기간에도 꾸준히 콘텐츠를 만들었고, 지금도 여전히 콘텐츠를 만들고 있다. 다들 꾸준함으로 자신만의 때를 만날 수 있었다. 만약 이들이 꾸준히 콘텐츠를 제작하지 않았다면, 그대로 사라지는 계정이 되었을 것이다. SNS는 멈추는 순간 끝이다. 계속 꾸준히 내가 원하는 지점까지 버티며 꾸준히 해나가야 한다.

돈

1. 돈을 말하기 전에 진정성을 보여주기

> 진정한 부는 물질적인 것에 있지 않고, 인생을 살아가는 방식에 있다.
>
> — 헨리 데이비드 소로(미국의 철학자)

사람들은 대부분 돈을 많이 벌고 싶어 한다. 당연히 SNS도 돈을 벌려고 시작한다. 하지만 SNS에서 돈은 대놓고 벌려고 하면 할수록 멀어질 수 있다. 돈을 앞세우기 전에 사람들에게 진정성을 보여줄 수 있어야 한다. SNS는 인간관계이며 사람의 마음을 얻는 일이기 때문이다. 주변에 누군가가 매일 나에게 돈만 이야기하면서 뭔가를 팔려고만

한다면 자연스럽게 멀어질 수밖에 없을 것이다. SNS에서도 마찬가지다. 자꾸 뭔가를 팔려고만 하는 사람, 돈을 밝히는 사람과는 애당초 관계조차 하고 싶지 않기 때문에 구독도 일어나지 않을 것이다.

따라서 섣불리 수익화를 논하기보다는 사람들에게 어떻게 하면 신뢰를 얻을 수 있을지, 진정성 있는 모습을 보여줄 수 있을지를 먼저 고민해야 한다. 사람들의 지갑은 마음이 열렸을 때 가장 쉽게 열린다. 나에게 돈을 써도 아깝지 않을 만큼 내가 믿음직한 사람으로 인식되면 저절로 지갑을 연다. 사람들을 진정으로 생각하고, 돕고, 공감하려 하며, 자신의 이야기를 솔직하게 말해보자. 진정성은 솔직함에 있다.

만약 수익화를 실현했다면 더 주의해야 한다. 수익화를 이루었다고 그게 끝이 아니다. 내 프로그램에 참여한 사람, 나에게 물건을 구매한 사람을 내 편으로 만들어야 한다. 찐팬이 돌아서면 안티보다 못한 사이가 되는 게 사람의 마음이다. 그들이 나에게 돈을 썼다는 것은 나를 그만큼 신뢰하는 마음이 있다는 뜻이다. 이런 사람을 실망시키지 말자. 돈을 지불하고 프로그램에 참여하거나 제품을 구매했음에도 불구하고 감사하다는 말을 들을 수 있어야 한다. 그러려면 내가 받은 돈보다 더 많은 것을 줘야 한다.

다시 한번 말하지만, 돈을 더 많이, 더 비싸게 받는 것이 중요한 것이 아니다. 받은 금액보다 더 줄 수 있어야 한다. 그래야 사람들은 돈을 쓴 것에 대해 만족하게 된다. 또다시 재구매하거나 다른 사람에게 입소문을 내주게 된다. 측정한 가격이 과연 그 값어치를 할 수 있는지,

더 많이 벌고 싶은 마음이 앞선 것은 아닌지 생각해 봐야 한다. 사람들은 자신이 지불한 서비스를 제대로 받지 못했다고 생각했을 때 바로 돌아선다. 욕심보다 진심을 앞세우자. 그렇게 하면 더 많은 사람이 오고 롱런하게 되는 치트키가 될 것이다.

2. 쉽고 빠른 돈은 없음을 인정하기

뭔가를 성취하는 데 걸리는 시간에 대한 두려움 때문에 실행하는 것을 망설이지 마라.

- 나이팅게일

SNS를 시작하자마자 돈이 된다고? 이런 일은 거의 없다. 물론 목표가 단순히 돈이라면 빠르게 협찬부터 시작하는 방법도 있지만, 돈을 중심에 두는 것은 장기적으로 계정을 크게 키우는 데 걸림돌이 될 수 있다. 지속해서 더 큰 수익화를 원한다면 빌드업하는 시간이 필요하다. 누구든 어디서든 돈을 벌려면 배우는 시간이 필요하듯이. 그 누구도 아마추어에게 돈을 쓰지 않는다. 사람들이 믿고 안심하고 돈을 쓰게 하려면 내가 선택한 분야에서 전문가가 되어야 한다. 내가 선택한 분야에 얼마나 경험이 있는지, 지식이 있는지, 열정이 있는지가 느껴졌을 때 사람들은 전문가로 인정하고 지갑을 연다.

SNS도 마찬가지다. 초반에는 돈이 벌리지 않음을 인정하자. 시간이 걸린다는 것을 인정하자. 내가 아무리 전문가여도 SNS에서는 팔로워, 구독, 조회 수라는 숫자로 이를 증명해야 한다. 더 많은 사람이 알아볼 수 있도록 콘텐츠를 만들고, 숫자를 키워나가야 한다. 그래서 진짜 전문가들도 SNS를 시작했다고 해서 바로 돈을 벌지 못하는 것이다. SNS가 익숙하지 않고 배우는 단계에서는 돈을 벌기 어렵다. 하지만 SNS에 능숙해지며 꾸준히 좋은 콘텐츠를 만들어 더 많은 사람에게 알려졌을 때는 정말 상상도 못 할 만큼의 매출과 기회를 만날 수도 있다.

SNS를 키우는 것은 미래에 대해 투자를 하는 것이다. 지금 당장 돈을 벌고 싶다면 나가서 알바를 하는 것이 더 빠르고 쉬운 방법이다. 하지만 시급에 국한되지 않고 내 몸값을 올리고 싶다면 투자를 해야 한다. 《돈은, 너로부터다》(김종봉, 제갈현열, 다산북스)에서는 이렇게 말한다. '우리는 시간이라는 금을 가지고 있고, 이 금은 세공을 하면 더 비싸진다. 하지만 세공하는 동안에는 금이 깎여나간다. 그렇게 세공된 금이 브랜드가 되면 가격은 몇 배로 더 뛰게 된다.'

더 큰 수익화를 위해 투자한다는 생각으로 시간을 보내 보자. 투자한 시간은 쌓이는 시간이다. 작게 시작한 투자들이 쌓이고 쌓여 분명 더 크게 돌아올 것이다.

3. 실행을 통해 수익화 키우기

> 당신이 무언가를 실행한 후에 어떤 결과를 얻게 될지는 아무도 알 수 없다. 하지만 당신이 아무것도 실행하지 않으면 아무런 결과도 얻지 못할 것이다.
>
> - 마하트마 간디

사람들은 실패를 두려워한다. 수익화에 도전하지 못하는 것도 실패가 두려워서다. 어쩌면 돈을 못 벌까 봐 두려운 것보다 아마도 자신의 영향력이 없다는 것을 인정하는 것이 두렵기 때문일지도 모른다. 모객을 했는데 사람들이 신청을 하지 않을까 봐, 공동구매를 열었는데 잘 안 팔릴까 봐, 수많은 두려움이 있겠지만 이겨내야만 한다.

나 또한 이런 두려움에 늘 뭔가 시도하는 것이 스트레스일 때도 있었다. 지금도 마찬가지다. 혹시나 잘 안 될지도 모른다는 두려움이 늘 새로운 시도를 가로막곤 했다. 하지만 이를 견디며 지속해서 수익화를 위해 뭔가 실행해야 했다. 내 첫 수익화는 강의를 통한 독서 모임이었고, 두 번째 수익화는 1일 1피드 챌린지를 운영한 것이었다. 이렇게 작게 실행했던 것을 보완하고, 후기가 쌓이면서 더 큰 수익화 프로그램으로 발전시킬 수 있었다. 계정 초기, 나는 운이 좋게도 수익화를 빠르게 했고, 당연히 앞으로도 잘될 것이라 착각했다. 역시나 운은 운일 뿐이었다. 그다음 야심 차게 진행한 독서 모임에서 모객이 한 명도 되지 않아 스스로 너무 부끄럽기도 했다. 이후 모객에 두려움도 생겼지만 계속 도전을 했고, 현재는 점점 가치를 올려 고가의 서비스까지도 제공하고 있다.

처음부터 큰돈을 벌기는 쉽지 않다. 처음부터 많은 사람이 나에게 돈을 쓰기는 쉽지 않기 때문이다. 계정이 작더라도 수없이 실행해 보며 작은 수익화부터 조금씩 키워나가야 한다. 실행하지 않았다면 아마도 현재 수준에서 벗어나기 어려울 것이다. 실행해야 다음 실행할 것이 열리고 더 큰 수익화의 기회가 열린다.

4. 외부 수익화도 모색하기

SNS가 돈을 벌 수 있는 것은 확실하다. 하지만 SNS에서의 수익화가 전부라면 위험해질 수 있다. 트랜드는 계속 바뀌고 사람들은 트랜드에 따라 이동한다. 한때 싸이월드가 핫했고, 페이스북이 핫했던 것처럼 지금의 인스타, 유튜브도 또 다른 플랫폼이 출연하며 사라질지도 모른다. 또, 갑자기 멀쩡한 계정이 사라져 복구가 안 되는 경우도 빈번하게 일어난다. 그래서 SNS에서의 수익화에만 의존해서는 안 된다. SNS 활동을 세상 밖으로 가져오기 위한 노력도 필요하다. 내가 가진 정보나 이야기를 통해 SNS에서 많은 사람에게 좋은 영향을 줬다면, 그것을 SNS 밖으로 가지고 나오기 위해 노력해야 한다.

나 또한 SNS에서 했던 강의를 이제는 외부에서 진행하며 강사로서의 인생도 살아가고 있다. 인스타뿐만 아니라 유튜브, 네이버 클립 등에도 숏폼을 공유하며 영향력을 늘리기 위해 노력하고 있으며, 단순 인스타 코치가 아닌 숏폼 전문가로 성장하기 위해 계속 배우고 시도하고 있다. SNS에 집중하는 것도 좋지만, 때가 되었을 땐 외부 활동이나 플랫폼 확장을 통해 수익화 루트를 다양하게 만드는 것도 필요하다. 또, 새로운 플랫폼이 생겼을 때 빠르게 진입하는 것도 중요하다. 새로운 것이 생겼다는 것은 새로운 기회가 생겼다는 뜻이다.

04 성공

1. 씨를 뿌리고 기다리기

더 많이 나눌수록 더 많이 가질 수 있다.

- 레너드 니모이(미국의 배우 겸 영화감독)

베풀면 돌아온다는 말을 많이 들어봤을 것이다. 특히 사업을 하는 사람은 이 말을 진심으로 믿고 실천해야 한다. 진짜 돌아오기 때문이다. 14년 의류 사업을 하며 베풀었던 게 돌아왔던 기억이 있다. 당시엔 내가 베푼 것이 돌아왔다고 생각하지 못했지만, 시간이 지나 돌아보니 내가 베푼 것이 다양한 방식으로 돌아왔다. 이 말은 인간관계에서도 적용된다. 나에게 뭔가를 주는 사람을 미워하기는 쉽지 않다. 나에게 자주 시간이든, 도움이든 내어주는 사람에게는 나도 뭔가를 더 해주고 싶은 게 사람 마음이다. SNS도 마찬가지이다. 인간관계를 기반으로 한 사업이기 때문이다.

나는 인스타를 시작하고 1년 동안 돈이 되지 않는 뻘짓을 정말 수없이 많이 했다. 책이나 직접 만든 플래너를 나누기도 했지만, 수없이 많은 무료강의와 컨설팅을 진행하며 재능을 나눴다. 처음엔 내 강의를 들어주는 것만으로도 기뻤다. 강연가가 꿈이었던 나에게는 내가 이야기할 주제가 있고 들어줄 사람이 있다는 것이 무엇보다 큰 행복이었다. 돈이 되지 않았지만, 강의 준비를 하고 신경 써서 강의하며 내 꿈을 키워나갔다. 이런 활동이 1년쯤 되자 현타가 오기 시작했다. 신나게 강의하고 나서 감사의 인사 하나 없이 돌아가는 사람을 보며 '내가 지금 돈도 안 되는데 뭐 하고 있지?'라는 생각이 나를 잡아먹는 순간도 있었다. 나는 무료로 내 재능과 시간을 나누는 일을 줄여가기 시작했다. 하지만 나중에 돌아보니 얻은 것이 더 많았다. 당시엔 강의를 듣고 돌아서는 사람만 보였지만, 알고 보면 무료강의로 내 팬이 된 사람도 많았다. 무엇보다 무료강의는 나에게 강의력을 키워주는 연습 무대가 되어 주었다. 덕분에 기관이나 기업에 출강을 나갈 때마다 강의 경력이 많지 않았음에도 늘 강의력에 대한 칭찬을 받을 수 있었다. 내가 뿌린 씨가 시간이 지나자 나무가 되고 열매로 돌아왔다.

내가 베푼 것은 1:1로 그대로 돌아오지 않는다. 돌고 돌아 내가 알아볼 수 없게 다른 모습으로 돌아온다. 시간이 지나고 돌아보면 알게 된다. 베푼 것이 당장에 돌아오지 않는다고 해서 베풂을 멈추지 말자. 내가 할 수 있는 범위에서 사람들에게 베풀 수 있는 것을 찾고 시간을 써보자. 분명 더욱 값지게 돌아올 것이다.

2. 현재 상황에서 최선을 다하기

지금, 이 순간에 최대한으로 살아라. 왜냐하면 이 외에는 모두 불확실하기 때문이다.

- 루이 톰린슨(영국 가수)

내 주변엔 회사에 다니지만 투잡을 하는 느낌으로 SNS를 하는 사람이 정말 많다. 회사는 내 현재를 책임지지만, 퇴근 후 보내는 시간은 내 미래를 책임져 준다. 그런 의미에서 퇴근 후 자신을 SNS에 알리는 것은 정말 좋은 투자라고 생각한다. 유명한 유튜버조차도 자신의 구독자 수가 30만, 50만, 100만이 될 때까지도 퇴사하지 않고 일과 SNS를 함께하는 사람이 많다. 섣부른 퇴사는 불안감만 낳을 뿐이다. SNS를 하면 무조건 돈을 벌 거라는 기대감으로 퇴사를 하는 것은 정말 무모한 짓이다. 회사에 다닌다면 오히려 좋다. 회사에서는 현재를 살아가는데 필요한 돈을 벌고 퇴사 후 부캐의 삶으로 살아가면, 더 안정적으로 SNS를 키울 수 있을 것이다.

'저는 회사 계정을 키워야 해서 개인 계정을 따로 운영하기가 힘들어요.'라고 생각하면 내가 노력해서 계정을 키워도 왠지 남 좋은 일만 하게 되는 것 같은 느낌이 들 것이다. 틀린 말이 아니긴 하다. 하지만 생각을 바꿔보자. 이건 기회다. 회사 업무 시간에 내가 유명해질 기회라고 생각해 보자. '충주맨'의 사례를 보자. 충주맨은 충주 TV라는 충주시 유튜브(@Chungjusi)를 관리하고, 감독하고, 출연까지 하는 공무원이다. 어느 날 원하지 않던 유튜브를 맡게 되었고, 예산도 적었기 때문에 직접 기획부터 촬영, 출연까지 하게 되었다. 처음부터 잘하지 않았다. 많이 보고 연구하며 충주시에서 진행하는 일을 재미있게 전하려고 애썼다. 재미있게 하려고 어떤 날은 춤을 추기도 했고, 어떤 날은 샘 스미스 분장을 하며 열정을 불태웠다. 그 결과 어떻게 되었을까? 충주맨은 9급 공무원에서 6급 공무원이 되었다. 유명한 TV프로에도 출연하게 되었고, 전국으로 강의를 다니기도 한다. 만약 충주맨이 공무원을 그만두고 전업 유튜버가 되면 어떻게 될까? 이 사람은 이미 유명해졌다. 어딜 가서 뭘 해도 잘 될 수밖에 없게 된 것이다. 충주 TV가 사람을 몰고 다니는 것이 아니라, 사람을 모은 건 충주맨이기 때문에 어딜 가도 충주맨을 좋아하는 사람은 함께하게 될 것이다. 앞에서 한번 언급했던 온양석산의 김 대리님 또한 온양석산을 그만둔다면 어떻게 될까? 짐작건대 스카우트 제의가 물밀듯이 들어올 것이다. 이미 김 대리님은 사람을 몰고 다니는 사람이 되었기 때문이다.

당신이 회사에 다니고 있다면 오히려 기회다. 미래를 준비할 기회, 회사 업무 시간에 유명해질 기회라고 생각하자. 자신이 맡은 자리에서 최선을 다해보자. 최선을 다한 시간은 어떻게든 좋은 방향으로 쓰인다. 회사에 다니는 것은 핑계가 되지 않는다. 이제는 정말 개인 브랜딩 시대다. 회사가 그만두고 싶어졌을 때 시작하면 늦게 된다. 미리 준비해 보자.

3. 진짜 원하는 삶 찾기

당신이 원하는 당신 자신이 되기에 절대 늦은 시기란 없다는 것을 기억해라.

- 조지 엘리엇(19세기 영국 작가)

나는 14년간 의류 사업을 하며 좋아하는 일을 하고 있어 다행이라고 생각하며 살았다. 어느 순간 돈벌이에 급급해 그저 옷만 팔고 있다는 것을 깨달았지만, 멈출 수 없었다. 당장 생계도 중요했고, 멈춘다 한들 뭘 하고 싶은지조차 모른 채 살고 있었기 때문이다. 의류 사업을 그만둬야겠다고 다짐한 이후로 끊임없이 내가 할 수 있는 일을 찾았고, 다양하게 실행하며 내가 진짜 원하는 삶을 찾아 나갔다. 그리고 그 삶을 결국 SNS가 만들어 주었다.

SNS는 허풍이나 떠는 곳이 아니다. 누군가에게는 새로운 세상이자 새로운 기회다. 적어도 나에겐 그랬다. 진짜 원하는 삶을 찾고 SNS에서 계속 그 삶으로 갈 수 있는 방향으로 나아갔다. 그렇게 나는 내 꿈이 이뤄져 가는 것을 느꼈고, 내 주변의 많은 사람 또한 SNS를 통해 삶의 방향을 바꿔나갔다. SNS를 운영하는 것은 쉽게 말해서 '나를 알아가는 일'이기도 하다. 끊임없이 나의 과거와 현재와 미래를 생각하고 관련된 콘텐츠를 만들며 생각을 이어나가다 보면, 이 길이 정말 내가 원하는 길인지를 되묻게 된다. 누군가는 SNS가 정말 잘 맞는 사람일 수도 있지만, 누군가는 계속 탐구하다 보니 자신이 가려는 길에 SNS가 필요하지 않을 수도 있다. 그래서 진짜 원하는 삶이 무엇인지를 정확히 알아야 한다.

누구나 SNS로 잘될 수 있다고 말하는 사람은 거짓말쟁이다. 누구나 잘될 수는 없다. 진짜 자신이 원하는 것이 SNS에 있을 때 가능한 것이다. 그만큼 간절한 사람만이 해낼 수 있다. 단순히 돈을 벌고 싶다면 SNS보다 더 좋은 수단이 많다. 굳이 힘들게 영상을 편집하고, 사람들과 소통하며 계정을 키우지 않아도 된다. 하지만 SNS가 내 꿈을 이룰 수 있는 수단이 확실하다면, 그 꿈이 돈이 될 수 있다면, 이 책을 덮고 당장 시작해 보자. '나'라는 사람을 콘텐츠로 표현해 보자. 그리고 계속 점검하자. 이 길이 맞는 길인지. 그래야 진짜 원하는 삶을 찾아갈 수 있다. 더 유리한 수단을 찾아갈 수 있다. SNS는 결국 내 꿈을 이루는 수단이지 목적이 아니다. 수단과 목적을 구분할 수 있어야 건강한 SNS를 할 수 있다. 진짜 원하는 삶이 무엇인가요? 자신에게 계속 되물어보자. 정답은 당신 안에 있다.

글을 마치며

'과거를 보는 사람에게는 오늘이 가장 늦은 날이고, 미래를 보는 사람에게는 오늘이 가장 빠른 날이다.'

혹시라도 여기까지 읽었는데도 너무 늦은 건 아닐까 생각하고 있다면 위 문장을 마음에 새겨보라고 말씀드리고 싶다. 나도 늘 늦었다고 생각하는 사람이었다. 20대 후반에도, 30대 초반에도, 30대 중반에도 늦었다고 생각했던 나도 30대 후반에 들어서야 오늘이 가장 젊은 날임을 깨달았다. 그리고 도전했다. 만약 또 늦었다고 생각하고 아무것도 하지 않았다면 어떻게 됐을까? 나는 매일 의류 사업을 그만두고 싶다고 생각하며 의미 없는 하루하루를 보냈을 것이다. 이제는 100세를 넘어 120세 시대라고 한다. 나이 60이 넘어서면 또 다른 일을 해야 할 정도로 수명이 길어졌다. 죽고 싶어도 죽지 않는 시대에 살면서, 하고 싶지 않은 일을 100년 가까이 해야 한다고 생각하니 지옥이 따로 없다는 생각이 든다. 나는 30대 후반에 시작한 SNS로 내 60 이후까지의 삶이 그려지고 있다. 나는 SNS를 통해 두 번째 인생이 시작된 것이다. 20대도, 30대도, 40대도, 50대도, 60대도 절대 늦지 않았다. 20대는 그만의 패기로 SNS에서 활약하고, 60대는 시니어의 도전으로 젊은 사람의 마음을 사로잡고 있다. 각자의 나이와 상황에 맞는 컨셉을 잘 찾기만 한다면 문제 될 것은 없다. 마음먹기에 달린 것이다. 지금이 가장 빠르고 젊다는 것을 꼭 기억하자. 그리고 도전하자.

'기대되는 내일, 찾거나 만들거나.'

30대 중반, 심각한 무기력증이 찾아왔다. 그땐 왜 그런지 몰랐다. 할 일은 쌓여만 갔고, 나는 여전히 매일 하던 일을 허겁지겁 반복하고 있었다. 일을 하면서도 마음속엔 공허함만 남아 있어서 무엇을 해도 소용없다는 생각에 삶은 캄캄했고, 희망 따윈 보이지 않았다. 하지만 먹고 살아야 했기에 다시 일어섰고, 또다시 바쁘게 살다 결혼을 하면서 난생처음 내 꿈을 찾아보기로 결단을 내렸다. 그러자 내 꿈을 찾기 위한 나의 모든 행동은 내일을 기대하게 했고 희망을 품게 했다. 독서, SNS가 새로운 희망으로 다가왔듯이 지금 이 책도 나에겐 새로운 희망을 품게 한다. 이 책으로 달라질 내 삶은 얼마나 멋질까? 책을 마무리하는 이 순간도 그런 희망을 품어본다.

희망은 가만히 있는 사람에게 찾아오지 않는다. '책을 읽어야 하는데…', 'SNS 해야 하는데…'라고 생각만 하는 사람에게는 절대 찾아오지 않는다. 희망은 만들어 가는 것이다. 내가 오늘 실행하고 시도한 만큼 희망은 커진다. 그렇게 하루하루 내일이 기대되는 삶을 만들어 보자. 평범한 자영업자가 전국으로 강의를 다니고, 평범한 가정주부가 돈을 벌어 집을 바꾸고, 평범한 직장인이 유명해지면서 퇴사를 할 수 있게 해주는 곳이 바로 SNS다. SNS는 생각보다 엄청난 곳이다. 새로운 희망을 만들 수 있는 곳이다.

내가 올리는 콘텐츠 하나하나엔 나의 희망이 들어있다. 그리고 기대되는 내일이 들어있다. 나는 앞으로도 꾸준히 콘텐츠를 올리고, 시도하고, 연구할 것이다. 더 많은 사람이 SNS에서 인생을 바꾸고 꿈을 돈으로 만들어 갈 수 있도록 콘텐츠로 도울 것이다. 누군가 이 책을 읽고 희망을 만들어 가기 시작했다면, 인생을 바꾸었다면, 나의 희망 또한 더욱 커질 것이다. 당신의 성공은 나의 성공과 함께할 테니까.

책이 완성되기 직전 송길영 작가님의 강연을 듣고 너무 감명받았던 말이 있었다. 송길영 작가님은 좋은 기업의 부사장이지만, 자신의 명함에는 회사 이름을 지우고 자신의 이름 3글자만 남기고 싶었다고 했다. 그렇게 해서 지금은 회사명, 직급을 다 뗀 Mind Miner란 키워드와 자신의 이름만 담긴 명함을 사용하고 있다고 한다. 또, 자신의 썬에서 인정받으라고 했다. 송길영 작가님은 전 국민이 아는 사람은 아니지만, 적어도 책과 자기계발을 좋아하는 사람에게는 강력한 인사이트를 가진 네임드가 되었다.

우리도 이렇게 되어야 한다. 적어도 내 분야에서 네임드가 되어야 한다. 모든 사람에게 유명해지지 않아도 된다. 뚜렷한 분야로 SNS를 통해 나를 브랜딩한다면, 그리고 그 안에서 네임드가 된다면, 꿈도 돈도 이룰 수 있게 된다. 나도 그렇게 되기를 소망한다. '나' 자신이 기업이 되고, 브랜드가 되어 명함에 내 이름만 남기는 때를 기다리며 이 책을 썼다. 이 책을 읽은 모든 사람 또한 이 순간이 명함에 이름만 남기는 시작점이 되길 바란다.

나는 글보다 말이 더 편한 사람이다. 이 책에는 내가 말로 표현했던 모든 것이 담겨 있다. 더 편안하게 재미있게 표현할 수 있는 내용도 글로 표현하려고 하니 한계가 있는 것도 사실이다. 언젠가 이 책을 읽은 많은 사람에게 말로써 책의 내용을 전달해 줄 수 있기를 바란다.

콘텐츠로 기대되는 내일, 찾거나 만들거나